우주 비행사 쪼니 킴

| 일러두기 |

이 책은 조너선 용 김(Jonathan Yong Kim, 1984년 2월 5일~)의 생애를 기사, 인터뷰, 연설, 다큐멘터리 등을 바탕으로 재구성한 동화입니다.

네이비실·의사·우주 비행사 세 개의 삶을 사는 현실판 슈퍼히어로

우주 비행사 죠니 킴

이정주 글 · 안상선 그림

차례

프롤로그 무사 귀환! 우주 비행사 조니 김 … 6

1장 … 작고 약한 동양인 꼬마

집에 가기 싫어 느리게 걷는 아이 … 18
제발 내일 아침이 오지 않게 해 주세요 … 24
세상에서 가장 강한 사람이 되는 방법 … 33
아빠 미안해요, 그리고 사랑해요 … 39
대학 대신 네이비실로 … 49

🚀 네이비실이 뭐예요?

2장 … 지지 않는 강한 사람이 될 거야

미국 해군 특수 부대 … 58
물속에서 손과 발이 묶이다 … 64
사람을 죽이는 군인, 사람을 살리는 군인 … 79
라이언, 지키지 못해 미안해 … 85

🚀 이라크 전쟁에 대해 알려 주세요

3장 ··· 네이비실, 그 다음은 의사

하버드 의대에 가다 ··· 98
생명을 구하는, 그 설레는 일 ··· 110
항공기 조종하는 군의관 ··· 114

🚀 의사가 되고 싶어요

4장 ··· 우주 비행사가 되다

운명처럼 만난 사람, 스콧 파라진스키 ··· 126
1만 8천 명 중 단 12명 ··· 136
네이비실보다 더 혹독한 훈련 ··· 143
8년을 준비하고, 8개월 비행하다 ··· 153

🚀 우주 비행이 궁금해요

에필로그 한국의 어린이들에게 ··· 164

무사 귀환! 우주 비행사 조니 김

2025년 12월, 우주선 소유스 MS-27이 지구 대기권 안으로 들어왔어요. 시간당 2천8백 킬로미터 속도로 날고 있는 우주선 안에서 조니는 엄청난 진동을 느끼고 있었어요. 대기권 진입을 확인한 조니의 귀에 동료의 목소리가 들렸어요.

"대기권 진입. 심한 흔들림이 예상됩니다. 마지막까지 집중해 주십시오."

창밖으로 푸른 지구가 조금씩 가까워지자 비로소 안도의 한숨이 나왔어요. 한국계 미국인 최초로 우주선에 탑승한 조니는 성공적인 귀환을 기뻐하며 혼잣말을 했어요.

"드디어 도착이구나. 반갑다, 지구야!"

잠시 후, 우주선이 상공에 모습을 드러내자, 카자흐스탄 바이코누르 우주 기지에 모인 수많은 사람들이 환호성을 질렀어요. 세계 각국에서 온 언론사 기자들, 항공 우주 관련 연구자들, 나사(NASA) 관계자들이 소유스 MS-27의 착륙을 보기 위해 숨을 죽이고 기다렸어요.

우주선은 고도 10킬로미터 부근에서 낙하산을 펼쳐 점점 속도를 줄였어요. 엄청난 바람과 함께 먼지가 일었어요. 속도를 완전히 줄인 소유스 MS-27 우주선은 착륙장에 부드럽고, 안전하게 내려앉았어요.

우주선의 문이 열리고, 우주 비행사 조니 김이 모습을 드러냈어요. 8개월의 우주 생활로 조금은 여윈 듯했지만, 표정은 밝고, 자세는 당당했어요. 조니는 계단을 내려와 환하게 웃으며 손을 흔들었어요. 현장에 있던 기자, 카메라맨, 유튜버들이 그에게 달려가 마이크를 들이댔어요.

"우주에서 돌아온 지금 심정은 어떻습니까?"
"중력이 없는 우주에서 8개월 동안 둥둥 떠다니다가, 중력이 있는 지구에서 발이 땅에 닿으니 너무나 편안합니다. 땅에 발을 딛고 걸을 수 있어 행복합니다."

조니의 말에 웃음이 터졌어요. 우주 비행사의 귀환 소감이 너무나 생생하고, 현실적이었거든요. 여기저기서 카메라가 돌아가고, 조니가 말하는 내용은 전 세계 TV, 라디오, 유튜브를 통해 실시간으로 퍼져나갔어요.

"미국 CNN 뉴스 채널의 카렌 기자입니다. 우주정거장 ISS에 머물며 어떤 일을 했습니까?"
"인간의 건강, 물질의 변화, 생명체의 반응 등을 연구했습니다. 이번 연구는 앞으로 우주 탐사와 과학 발전의 자료로 활용할 예정입니다."

그때 영국의 BBC 방송 기자가 앞으로 나서더니 조니에게 물었어요.

"조니 김 씨는 네이비실 특수 부대원, 미 해군 항공대 조종사, 하버드 대학교 의학전문대학원 출신 의사를 거쳐 이번에 미 항공우주국(NASA) 소속으로 우주 비행을 떠났습니다. 군인으로, 의사로 이미 명예를 얻으셨는데, 굳이

우주 비행사가 되려고 한 이유는 무엇입니까?"

조니는 잠시 생각하더니, 신중하게 말을 이어갔어요.

"군인으로도, 의사로도 충분히 의미 있는 삶을 살 수 있었지만, 저는 늘 더 넓은 세상을 향한 꿈을 꾸었습니다. 우주 비행사는 단순히 우주에 가는 사람이 아니라, 과학적 사실을 우주에서 직접 손과 눈으로 확인하는 사람입니다. 지구에서 연구한 수많은 실험을 실제로 실행하고, 인류의 미래를 위한 데이터베이스를 만드는 역할이죠. 저는 인류의 과학 발전에 조금이라도 기여하고 싶어 우주 비행사의 길을 택했습니다."

다시 한 번 커다란 탄성이 터졌어요. 네이비실 미국 해군 특수 부대 군인, 응급의학과 전문의를 거쳐 우주 비행사가 된 조니 김을 두고 미국인들 사이에서는 "이 모든 걸 한 사람이 해내다니, 조니 김은 인간이 아니라 하느님이 몰래 보낸 슈퍼히어로가 분명하다."라는 농담이 떠돌고 있었거든요.

"뉴욕타임즈 클로이 기자입니다. 우주에서 의사로서 했던 일은 무엇이었나요?"

"아직 실험 내용과 연구 결과는 구체적으로 말씀드릴 수 없습니다. 우주에서 인간의 건강을 위한 생명과학 실험에 참여했다는 정도만 밝히겠습니다. 응급의학 전문의로서 우주 비행사들의 건강 관리, 응급처치 등의 임무도 맡았습니다. 우주정거장에 도착했을 때 동료 우주 비행사가 우주 멀미 증상을 겪었습니다. 중력 변화로 인해 균형 기관이 혼란해지면서 일어나는 현상이죠. 상태가 무척 심각했는데, 적절한 약물과 행동 요법으로 치료하여 무사히 임무를 마칠 수 있었습니다."

조니가 말하는 사이 주변으로 더 많은 사람들과 카메라가 몰려들었어요. 방송사 댓글 창과 유튜브 채널에는 수만 건의 글이 올라왔지요. 질문이 계속해서 쏟아지자 나사의 관계자가 나섰어요.

"조니 김은 이제 막 지구로 돌아와 무척 피곤한 상태입니다. 건강 상태를 확인해야 하고, 가족들도 만나야 합니다. 이쯤에서 마무리하고, 다음 인터뷰를 기다려 주시면 고맙겠습니다."
"다음 기자회견 일정을 알려 주십시오!"

기자들이 아우성쳤어요. 조니는 기자들에게 인사하고 나사 우주센터 건물로 이동하기 위해 발걸음을 옮겼어요. 그때 관중들 속에서 한 아이가 커다란 도화지를 머리 위로 들고 흔들었어요. 조니는 아이를 보고 걸음을 멈추었어요. 10살 정도 되어 보이는 남자아이가 들고 있는 종이에는 비뚤비뚤한 글씨로 '조니, 사랑해요. 나도 우주 비행사가 되고 싶어요.'라고 쓰여 있었어요.

조니가 다가가자 아시아계 초등학생인 아이는 까만 눈

동자를 반짝이며 조니를 바라보았어요. 조니는 무릎을 굽혀 아이와 눈을 마주쳤어요. 주변에 있던 사람들의 시선과 카메라 앵글이 두 사람에게 맞춰졌지요. 조니가 아이에게 먼저 인사했어요.

"안녕? 나를 기다려 주어 고맙구나."
"아저씨가 너무 보고 싶어서 엄마를 졸라 미국 캘리포니아에서 여기까지 왔어요."

조니는 아이를 꼭 안아주었어요. 때를 놓치지 않고 아이는 다시 물었어요.

"아저씨는 천재인가요? 그래서 군인도 되고 의사도 될 수 있었던 건가요?"

아이의 물음이 너무 귀여워서 조니는 웃음이 터졌어요.

"나는 절대 천재가 아니야. 늘 새로운 목표를 세우고 그것을 이루기 위해 최선을 다해 노력했을 뿐이야."

아이는 울먹울먹하더니, 마음속에 있던 말을 꺼내 놓았어요.

"나는 키도 작고, 운동도 못하고……. 그래서 학교에서 따돌림을 당하고 있어요. 나는 우주 비행사가 되어 얼른 지구를 떠나고 싶어요."

조니는 아이의 손을 따뜻하게 잡아주며 말했어요.

"나의 어린시절도 너와 같았단다."
"정말요?"
"그게 얼마나 힘든 일인지 잘 알고 있지. 나의 어린 시절은 비참할 정도로 힘들었단다. 하지만 그 시절의 경험이 나에게 새로운 일에 도전하라는 자극과 용기를 주었어."

어느새 아이의 얼굴이

환해졌어요. 마음속에는 기대와 희망이 부풀어 올랐죠.

"아저씨처럼 우주 비행사가 되려면 어떻게 해야 하나요?"

"매일 새로운 꿈을 꾸고 도전하면 돼. 나도 그랬단다. 네이비실 특수 부대원, 하버드 대학교 출신 의사, 미 항공 우주국 나사의 우주비행사……. 나는 그렇게 계속 새로운 꿈을 꿨지."

1장

짝고 약한 동양인 꼬마

집에 가기 싫어 느리게 걷는 아이

열한 살 조니는 학교를 마치고 노란 스쿨버스에서 내렸어요. 100미터만 걸어가면 집이지만, 느릿느릿 걷던 조니는 걸음을 멈추고 길을 따라 흐르는 개울 옆에 쭈그려 앉았어요. 개울물에서 즐겁게 노는 아기 오리들을 하염없이 바라보았죠.

"너희는 좋겠다. 아빠 오리, 엄마 오리와 재미있게 놀 수 있어서……."

그때 옆집에 사는 제니퍼 아줌마의 목소리가 들렸어요.

"조니, 여기 있었구나?"
"안녕하세요?"
"여기 좀 더 있다가 집으로 가는 게 좋겠다. 너희 아빠 또 술 마시고 고래고래 소리를 지르며 물건을 마당으로 집어 던지고 있더구나."

제니퍼 아줌마는 고개를 절레절레 흔들었어요. 조니는 슬픈 얼굴로 고개를 끄덕일 수밖에 없었죠. 조니의 아빠는 매일 술을 마시고, 취해 비틀거리며 주변 사람들에게 시비를 걸어요. 조그만 일에도 엄청나게 화를 내고요. 조니의 아빠는 심각한 알코올 중독자예요.

조니의 아빠가 처음부터 알코올 중독자였던 건 아니에요. 아빠는 큰 꿈을 안고 한국에서 미국으로 이민을 와 누구보다 열심히 일하셨죠. 캘리포니아 시내에서 술 판매점을 운영하시던 아빠는, 장사가 잘 되지 않자 가게의 술을 마시기 시작했어요. 술에 취하면 아무에게나 주먹을 휘두르거나 물건을 부쉈죠. 초등학교에서 임시 교사로 일하시는 엄마와 조니, 그리고 조니의 어린 동생을 때리기도 했어요.

조니는 한참 동안 오리 가족을 보면서 시간을 보냈어요. 아기 오리들이 엄마 오리를 따라 줄지어 가는 귀여운 모습을 보며 생각했어요.

'아빠가 빨리 잠들었으면 좋겠다.'

그때 자동차가 멈추는 소리가 들렸어요. 엄마였어요.

"엄마!"

조니는 너무 반가워서 벌떡 일어나 엄마가 있는 운전석으로 달려갔어요. 뒷좌석에서는 동생이 조니에게 손을 흔들고 있었어요.

"엄마, 어떻게 이렇게 일찍 오셨어요? 아직 학교 끝날 시간이 아니잖아요."
"오늘 특별 수업이 일찍 끝났어. 왜 집에 안 들어가고 여기 있어?"

"왜라니요……."

조니는 더 이상 말하지 않았어요. 엄마도 더 묻지 않았죠.

집에 들어가자, 제니퍼 아줌마가 말했던 것처럼 집 안팎이 엉망이었어요. 아빠가 마당에 있던 화분들을 집어 던져 전부 깨졌고, 전화기를 내팽개쳐 현관 유리창이 박살이 났어요. 아빠는 그래도 분이 풀리지 않는지 비틀대며 집안 여기저기를 망가뜨리고 있었어요. 아빠는 엄마를 보자 성난 사자처럼 으르렁거렸어요.

"왜 내 전화를 받지 않아?"
"학교에서 특별 수업이 있어 전화를 받을 수 없었어."
"왜 이렇게 늦게 와?"
"당신, 정신 차리고 시계를 좀 봐. 평소보다 일찍 왔는데, 무슨 소리야?"

엄마가 아무리 설명해도 아빠는 들으려 하지 않았어요.

계속 세상이 떠나가라 소리만 질렀지요. 조니는 너무 무서워 동생을 데리고 방으로 도망쳤어요. 그리고 문을 꼭 잠근 뒤 문 앞에 의자와 책을 쌓았어요. 혹시라도 아빠가 문을 열고 들어왔을 때 방패막이가 되도록 말이에요.

조니는 동생과 침대로 올라가 머리끝까지 이불을 덮었어요. 밖에서는 엄마가 아빠의 폭력에 맞서려 애쓰는 소리가 들렸어요. 얼마 지나지 않아 술 취한 아빠의 무시무시한 힘을 감당할 수 없었던 엄마의 비명이 들려왔어요.

그 소리를 듣고도 조니는 거실로 나가지 못했어요.

"형, 아빠가 엄마를 때려서 엄마가 죽으면 어쩌지?"
"괜찮을 거야. 이틀 전에도 저랬는데, 아빠가 잠들고 나니까 괜찮아졌잖아."

말은 그렇게 했지만, 조니도 엄마가 걱정스럽기는 마찬가지였어요. 그러나 조니는 아빠의 폭력에 맞설 힘도, 용기도 없었어요. 조니는 이불 속에서 두 손을 모으고 아빠가 빨리 잠들게 해달라고 기도했어요. 두 눈에서는 눈물이 멈추지 않고 흘러내렸어요.

제발 내일 아침이 오지 않게 해 주세요

"잘 다녀와. 점심 도시락 남기지 말고!"

아침에 학교 앞에 조니를 내려 준 엄마가 인사했어요. 조니도 엄마를 보며 손을 흔들었어요.

"네, 엄마. 걱정 마세요!"

엄마와 헤어져 돌아서자마자 조니의 얼굴이 어두워졌어요.

'휴, 오늘은 또 어떤 괴롭힘을 당하려나······.'

교실로 들어가는 발걸음이 한없이 무거웠어요. 조니가 초등학교에 다니던 시절에는 대한민국이 지금처럼 유명한 나라가 아니었어요. 미국 아이들은 아시아에서 온 아이들을 대놓고 무시하기 일쑤였죠. 조니도 예외가 아니었어요. 어디를 가나 '미국인이 아닌, 동양인 이민자'라는 따가운 시선을 견뎌야 했어요. 다른 아이들에 비해 키가 작고 마른 조니는 미국 아이들의 만만한 먹잇감이었지요.

요 며칠 조니는 특히나 힘든 일을 겪고 있어요. 같은 반 친구 제임스 패거리가 조니를 조롱하고 따돌리고 있거든요. 지난주 체육 시간에 축구할 때 자기에게 공을 패스하지 않았다고 제임스는 조니를 대놓고 괴롭혔어요.

심지어 어제는 조니의 필통을 거꾸로 들어 연필, 볼펜, 사인펜, 지우개 등을 일부러 바닥에 쏟았어요. 조니는 눈물을 참으며 제임스 앞에서 무릎을 굽히고 연필과 볼펜을 주워야 했지요. 같은 반 친구 중 누구도 조니를 도와주지 않았어요. 반에서 제일 덩치가 크고 힘이 센 제임스가 무서웠기 때문이겠죠.

조니는 교실로 걸어가면서 스스로에게 말했어요.

'오늘 다시 그런 일을 겪지 않으려면, 어떻게 해서든 제임스를 피해야 해. 최선을 다해 피해 보는 거야!'

감히 맞설 용기가 나지 않았던 조니는 제임스와 마주칠까봐 교정을 살금살금 걸었어요.

그때 갑자기 제임스와 패거리들이 한꺼번에 나타났어요. 조니가 오기를 숨어서 기다리고 있었던 거예요. 제임스가 다가오자, 나머지 아이들은 조니를 둘러싸 빠져나가지 못하게 막았어요. 조니는 떨리는 목소리로 말했어요.

"비, 비켜. 교실에 들어가야 해."

"아시아에서 온 거지 주제에 무슨 공부냐?"
"나, 거지 아니야!"

제임스와 패거리는 뭐가 우스운지 서로를 보면서 낄낄댔어요. 제임스가 조니 앞으로 얼굴을 들이밀더니, 한층 더 세게 비아냥거렸어요.

"너희 가족, 미국이 부자 나라니까 돈을 구걸하러 온 거지 맞잖아."
"우리 가족은 거지 아니야. 우리 할아버지, 엄마, 아빠

모두 미국에서 일해서 돈을 벌고 있어."

조니가 떨리는 마음을 간신히 억누르며 맞섰으나, 아무런 효과가 없었어요. 조니의 대답을 듣더니 아이들은 손뼉까지 치면서 낄낄 웃어댔어요.

"가난한 나라에서 온 거지새끼."

그 말과 동시에 제임스 패거리들은 검지로 양쪽 눈꼬리를 위로 잡아당겼어요. 아시아계 사람들의 눈이 작다는 걸 놀리는 '찢어진 눈' 흉내였어요. 이건 아시아 사람들의 외모를 조롱하는 무척 모욕적인 표현이에요. 조니는 슬프고 화가 났지만 맞서지 못했어요.
선생님께 이를까도 생각했지만, 그러면 제임스의 괴롭힘이 더 심해질 게 뻔해요. 조니는 눈물이 쏟아지는 걸 참기 위해 어금니를 꽉 깨물고 수업 시간을 버텼어요. 턱이 아플 정도로요.

"따르릉!"

점심시간 종이 울렸어요. 조니는 엄마가 아침에 싸주신 도시락을 열었어요. 조니가 제일 좋아하는 김밥이었어요. 어제 제임스 패거리에 시달리느라 점심 도시락을 남겨 갔더니, 엄마는 걱정스러우셨나 봐요. 새벽부터 일어나 정성스럽게 김밥을 말아주셨어요.

조니는 젓가락으로 김밥을 하나 집어 들었어요. 그때 누군가 조니의 팔꿈치를 툭 치는 바람에 김밥을 교실 바닥에 떨어뜨리고 말았어요. 고개를 들어보니 제임스가 바로 옆에 서 있었어요. 어느새 제임스 패거리들이 다가와 조니를 다시 둘러쌌어요. 제임스는 조니의 도시락통에 담긴 김밥 냄새를 맡더니 코를 틀어막았어요.

"아이고, 이 더러운 냄새는 뭐야? 너희는 먹을 게 없어서 까만 종이를 먹냐?"

"까만 종이 아니야! 한국 음식, 김이야."

그러나 조니의 작은 목소리는 제임스에게 가 닿지 못하고 허공에서 사라졌어요. 패거리 중 하나가 일부러 교실에 있는 다른 아이들 들으라는 듯 큰 소리로 떠들었어요.

"이 까만 종이에서 이상한 냄새가 나. 한국에서 온 거지들이 먹는 쓰레기 음식인가 봐."

같은 반 아이들이 깔깔거렸어요. 제임스는 조니의 도시락을 높이 들더니 김밥을 바닥에 쏟았어요. 통에서 쏟아진 김밥은 바닥에 있던 먼지를 묻히며 여기저기 굴러다녔어요.

'어제는 필통을 쏟더니, 오늘은 밥까지…….'

화가 났지만 덩치 큰 제임스에게 달려들 수는 없었어요. 하는 수 없이 조니는 무릎을 굽히고 김밥을 주워 담았어요. 엄마가 정성스럽게 싸주신 김밥을 이렇게 버릴 수는 없으니까요. 그 모습을 본 제임스 패거리는 조니가 거북이 같다면서 거북이 흉내를 내며 교실을 돌아다녔어요. 나머지 아이들은 교실이 떠나가라 웃어댔어요. 조니의 눈에서는 저도 모르게 온종일 참았던 눈물이 주르륵 흘렀어요.

그날 밤 집에 돌아온 엄마는 도시락통을 씻으면서 물

었어요.

"오늘은 남기지 않고 다 먹었네?"
"네!"

조니는 일부러 씩씩하게 대답했어요. 사실, 조니는 집에 돌아와 먼지 묻은 김밥을 물로 씻어서 억지로 먹었어요. 조니는 학교에서 겪는 일을 엄마에게 알리고 싶지 않았어요. 낮에는 일하면서 돈을 버느라, 밤에는 아빠의 폭력을 견디느라 힘겨운 엄마가 자신 때문에 슬퍼지는 것을 원하지 않았거든요.

"엄마 김밥은 역시 최고에요! 다음에도 또 만들어 주세요."

엄마는 기뻐하며 조니의 머리를 쓰다듬어 주셨어요.
방에 들어온 조니는 조용히 눈물을 삼켰어요. 조니는 세상이 무섭고 사람들과 이야기하는 것도 두려웠어요. 마음을 나눌 친구도 없어 외로웠지요. 그렇게 어린 조니는 점점 내성적이고 자신감이 부족한 사람이 되어갔어요.

　그 날도 어김없이 술에 취한 아빠가 엄마에게 욕을 퍼부었어요. 아무리 방에 숨어 이불을 덮고 귀를 막아도 아빠의 목소리는 너무나 선명하게 들렸어요.

"사람은 누구나 마음속에 악마를 품고 있어. 보통 사람들은 그 악마가 활동하지 못하도록 누르고 있지. 근데 우리 아빠는 그 악마를 다룰줄 모르는 불쌍한 사람이야."

　조니는 언젠가 읽은 책의 내용을 떠올리며 아빠를 이해해 보려고 애썼어요. 하지만 마음은 진정되지 않았어요. 분이 풀리지 않은 아빠가 방까지 찾아와 문이 부서져라 두드렸거든요.
　바깥이 조용해져서 조니는 비로소 잠에 들 수 있었어요. 조니는 '이 밤이 계속 되게 해 주세요'라고 기도했어요. 아빠가 계속 잠을 자면 폭력이 없을 테니까요. 그리고 밤이 계속되어 아침이 오지 않으면 학교에 가지 않을 수 있을 테니까요.

세상에서 가장 강한 사람이 되는 방법

 미국 캘리포니아의 명문 산타모니카 고등학교에 진학한 조니는 학교 수구팀에 들어가 공격수로 활동했어요. 조니는 평소에는 눈에 띄지 않는 편이었지만, 물속에서는 전혀 다른 사람으로 변했어요. 공을 잡고 골대를 향해 헤엄쳐 갈 때는 돌고래가 된 기분이었어요. 그 자유로움이 너무 좋았죠. 수구 연습을 위해 매일 새벽 6시에 집을 나서야 했지만, 그마저도 즐거웠어요. 수구를 핑계로 집에서 일찍 나와, 아빠를 보지 않을 수 있으니까요.
 조니는 학업 성적도 꽤 좋았어요. 미국에서 명문 대학

에 들어갈 때 꼭 필요한 과정에서는 이미 높은 점수를 받아 두었지요.

시험 성적이 나온 날, 같은 반 친구 다니엘이 조니에게 다가와 말했어요.

"조니, 이번에도 수학하고, 화학 A학점을 받았다면서? 대단해. 어떻게 대학생들도 어려워하는 AP 프로그램*에서 전부 A를 받냐?"

"운이 좋았지, 뭐."

"의대에 진학할 예정인 거지? 그러니까 AP에서도 가장 어려운 수학, 화학 과목을 수강한 거잖아?"

"의대?"

순간 생각이 멈춘 듯했어요. 시험을 잘 봐야겠다는 생각만 했을 뿐, 좋은 점수를 받았을 때 무엇을 할지는 고민하지 않았거든요.

조니는 초등학교 시절부터 꿈이 없었어요. 막연히 엄마

---

* 미국 AP(Advanced Placement) 프로그램은 고등학생이 대학 수준의 과목을 미리 수강하고 시험을 통해 학점을 취득할 수 있는 제도예요.

가 바라는 대로 좋은 대학에 가고, 의사나 변호사가 되면 좋겠다는 생각만 했어요. 사실 아빠의 폭력을 견디며 하루를 살아내기도 힘겨웠기에 꿈을 꾸기 어려웠죠. 고등학생이 되어서도 공부는 열심히 했지만, 특별히 하고 싶은 일은 없었어요.

겉으로는 평온해 보였지만 조니의 마음속은 늘 혼란스러웠어요. 자신이 겪는 가정 폭력에 대해 알리고 싶지 않아 친구도 사귀지 않았어요. 조니는 사람들과 대화하는 게 두려웠고, 자신의 의견을 말하거나, 옳다고 믿는 것을 주장하길 겁냈어요. 친구들과 어울리지 못해 혼자 점심을 먹는 날도 많았죠.

혼자 있는 시간이 많았던 조니는 끊임없이 스스로 질문을 던졌어요.

'앞으로 나는 어떻게 살아야 할까?'

그즈음 조니는 학교에서 미국 해군의 활동을 다룬 다큐멘터리를 보았어요. 미국 해군 특수 부대원들이 각종 전쟁에 참전하여 작전을 펼치고 공을 세우는 모습을 보던 조니의 입에서 저절로 감탄이 터져나왔어요.

"우아, 멋있다!"

옆에서 듣고 있던 다니엘이 웃으며 말했어요.

"조니, 설마 너 '네이비실(Navy SEALs)' 처음 보냐? 미국 해군의 최정예 특수 부대잖아. 바다, 하늘, 육지 어디서

든 작전을 수행할 수 있는 특수요원들이야."

"인간이 어떻게 저렇게 강할 수가 있어?"

"네이비실이 되기 위한 훈련은 세계적으로도 혹독하기로 유명하거든. 그 훈련에서 살아남은 사람들이니까 당연히 강한 사람들이겠지."

"와, 하늘에서 낙하산 타고 내려오고, 바다에서 수영해서 육지로 올라가네?"

"네이비실 지원자 중 끝까지 살아남는 사람은 고작 6% 정도래. 지원자의 94%는 탈락한다는 말이야."

조니는 저도 모르게 마음속에 있던 말이 튀어나왔어요.

"나도 네이비실이 되면 저렇게 강해질까?"

다니엘은 큰소리로 웃더니 조니의 어깨를 다독였어요.

"조니, 너같이 비쩍 마르고 힘없는 녀석은 94%에 해당하니까 꿈도 꾸지 마!"

다니엘은 웃었지만, 조니는 '지원자의 6%만 살아남는다.'라는 말에 오히려 흥미가 생겼어요.

'6% 안에 들면 세계에서 가장 강한 사람이 되는 거잖아?'

조니는 더 이상 예전과 같은 방식으로 살고 싶지 않았어요. 어릴 땐 아빠가 무서워 숨어 지냈지만 이제는 몸도, 마음도 컸으니 맞서 싸워야겠다고 마음먹었죠. 무엇보다도 위험과 폭력 앞에 맞서는 강한 사람이 되어 엄마와 동생을 지키고 싶었어요.

아빠 미안해요, 그리고 사랑해요

조니가 고등학생이던 2002년 어느 날이었어요. 그날따라 아빠는 일찍 가게 문을 닫고 집에 오셨어요.

집으로 들어서는 아빠에게서는 숨이 막힐 정도로 심한 술 냄새가 났고, 집안에 불안한 기운이 감돌았죠. 아빠의 표정은 평소보다 더 굳어 있었어요.

아빠가 거실로 들어오자, 엄마는 부엌으로 가셨고, 조니는 그 자리에 가만히 서서 아빠를 지켜보았어요. 아빠는 조니를 보더니 느닷없이 말했어요.

"미안하다, 아들!"

조니는 깜짝 놀랐어요. 아빠는 지금까지 가족에게 사과를 하거나, 잘못을 인정한 적이 없었으니까요. 조니는 처음 듣는 말에 놀라면서도 긴장했어요. 아빠는 비틀거리며 엄마가 있는 부엌으로 갔어요. 잠시 후 엄마의 날카로운 비명이 들렸어요.

"도와줘. 아빠가 총을 가지고 있어!"

아빠는 이성을 잃고 엄마에게 총을 겨누었어요. 그 순간 조니도 제 정신일 수 없었죠. 조니는 뒤에서 달려들어 아빠를 넘어뜨렸어요. 아빠는 넘어지면서 총을 놓쳤어요.

"아빠, 그만하세요!"

아빠와 실랑이 끝에 엄마를 끌어내 안전한 곳으로 밀어 넣고, 고개를 돌린 순간이었어요. 갑자기 엄청나게 크고 무거운 물체가 조니의 머리를 치고 바닥으로 떨어졌어요.

조니는 머리에서 피를 흘리며 바닥에 쓰러졌어요. 나중에 알았지만, 조니의 머리를 때린 것은 팔 근육을 키울 때 쓰는 10kg짜리 덤벨이었어요.

머리에 큰 충격을 입은 조니는 움직일 수 없었어요. 눈앞에서 벌어지는 아빠의 광기 어린 행동도 제지할 수 없었죠.

아빠는 떨어뜨렸던 총을 들어 조니를 향해 겨누었어요.

"탕!"

조니는 그때 처음으로 죽음을 느꼈어요. 스무 살도 채 되지 않은 나이에 말이에요.

가까스로 조니를 비켜 간 총알은 허공을 날아 벽에 박혔어요. 조니는 남은 힘을 모아 몸을 일으켰어요. 그리고 아빠를 덮쳤어요. 조니는 아빠의 양팔을 붙잡고 소리쳤어요.

"아빠, 제발 이러지 마세요. 정신 차려요!"

조니는 깜짝 놀라 눈을 번쩍 뜬 아빠를 계속 다그쳤지요.

"아빠, 우릴 그만 괴롭히고 나가요! 나가서 어디든 가 버리란 말이에요! 총 소리가 났으니 곧 경찰도 올 거예요."

아빠는 그 순간 뭔가 생각하는 듯했어요. 그러더니 어슬렁어슬렁 걸어 뒷문을 통해 바깥으로 나갔어요. 그게 조니가 본 아빠의 마지막 모습이었어요.

"휴."

모든 것이 끝난 듯했어요. 그제야 머리가 뜨뜻해지는 것을 느낀 조니는 뒷머리를 만져보았어요. 덤벨로 맞은 자리에서 피가 계속 흘러내려 티셔츠가 온통 피로 젖어 있었어요. 엄마가 달려와 울면서 조니의 뒷머리를 감싸안았어요.

"빨리 병원으로 가야겠다. 피가 너무 많이 나."

엄마는 덜덜 떨리는 손으로 전화기를 들고 911을 눌렀어요.

"제발. 빨리 와 주세요. 아이들 아빠가 총을 들고 가족들을 쏘려 했어요. 아들의 머리에서 피가 흘러요."

얼마 후 구조대와 경찰이 와서 상황을 살피곤 조니와 엄마에게 이것저것 묻더니 사건 기록서를 만들었어요. 구조대원은 조니를 데리고 병원으로 갔어요. 조니는 병원에서 뒷머리를 스무 바늘 넘게 꿰맸어요.

집에 돌아오니 엄마는 엉망진창이 된 집을 정리하고 있었어요. 조니도 긴장이 풀리면서 온몸에 통증이 몰려왔어요. 엄마를 돕고 싶었지만, 머리가 너무 아파 몸을 움직일 수가 없었어요.

"엄마, 나, 방에 들어가서 조금만 쉴게요."
"그래, 푹 자고 나면 이 모든 일이 꿈처럼 여겨질 거야."

조니는 침대로 들어갔어요. 머리에 붕대를 감아 바로

누울 수가 없어 옆으로 고개를 돌려야 했지요.

그때였어요. 천장이 아주 미세하게 흔들리는 게 느껴졌어요. 조니는 숨을 죽이고 천장의 흔들림을 살폈어요. 조니의 방 천장에는 외부 계단과 연결된 다락방이 있었어요. 다락방에 사람이 있는 게 분명하고, 그 다락방을 알 만한 사람은 아빠뿐이에요. 조니는 거실로 나가 엄마에게 작은 목소리로 말했어요.

"엄마, 아빠가 다락방에 있는 것 같아요."

엄마는 얼굴이 하얗게 질려 경찰에 연락했어요. 다시 들이닥친 경찰은 다락방 쪽으로 총을 겨누고 아빠에게 소리쳤어요.

"그 안에 계신 거 알고 있습니다. 어서 나오십시오."
"……."

한참 기다려도 대답이 없자, 경찰은 다락방으로 들어가려 했어요. 경찰 서너 명이 총을 들고 다락방으로 올라가려는 순간, 사람 소리가 들렸어요. 아직도 술이 덜 깬 아빠가 괴롭게 울부짖는 소리였어요.

  아빠는 다락방에 숨겨놓았던 총을 꺼내 든 채 경찰들을 내려다보고 있었어요. 경찰이 낮은 목소리로 조니의 아빠를 설득했어요.

"선생님. 총을 내려놓고, 밖으로 나오세요. 아내와 가족이 기다리고 있습니다."
"너희가 지금 나를 쏘려고 하잖아. 먼저 총 내려놔."
"……."

  아빠와 경찰들은 서로에게 총을 겨누고 대치했어요.
  잠시 후, 술에 잔뜩 취해 흥분한 아빠는 몸을 제대로 가누지 못한 채 비틀거리며 경찰을 향해 총을 쏘았어요.

"탕!"
"탕, 탕, 탕!"
"픽, 콰당!"

귀를 찢는 총소리와 커다란 바위가 무너지는 듯한 울림이 집 전체를 뒤흔들었어요. 아빠가 먼저 쏜 총에 대응하기 위해 경찰들이 연달아 총을 쏘았고, 아빠는 경찰이 쏜 총을 맞고 앞으로 고꾸라졌어요.

조니는 그다음부터 일어난 일을 기억하지 못했어요. 경찰들이 조니와 동생을 차에 태워 어디론가 데리고 간 장면만 머릿속에 남아 있을 뿐이에요. 한참 후 경찰들은 조니에게 소식을 전해 주었어요.

"조니, 너희 아빠를 병원으로 옮겼지만, 세상을 떠나셨다."

조니는 감정이 없는 사람처럼 멍하니 허공을 보며 물었어요.

"엄마는요?"
"엄마는 다치지 않으셨고, 안전한 곳에 계신다."

엄마의 소식을 들은 조니의 눈에서 갑자기 눈물이 쏟아졌어요. 숨을 쉴 수 없을 정도로 가슴이 조여왔어요.

"아빠! 처음으로 '미안하다'라고 하셨던 말이 이런 뜻이었어요? 우리 가족을 총으로 쏘려고 했던, 이거냐고요!"

조니는 그 자리에 주저앉아 엉엉 울었어요. 슬픔, 혼란, 죄책감이라는 복잡한 감정이 파도처럼 밀려왔어요. 엄마와 동생과 조니를 괴롭히던 아빠가 사라진 '해방의 날'이었지만, 하나도 기쁘지 않았어요. 아빠가 원망스럽고 미운데, 자꾸 미안한 감정이 들어 눈물이 멈추지 않았어요.

"아빠, 나도 미안해요. 나도 처음으로 이 말을 해야겠어요. 아빠, 사랑해요."

대학 대신 네이비실로

아빠의 죽음 이후 조니는 무척 힘든 시간을 보냈어요. 아빠가 눈앞에서 총에 맞는 모습을 잊을 수가 없었거든요. 슬프면서도 '아빠의 괴롭힘으로부터 해방되었다'라고 느끼는 자신이 부끄러웠어요.

조니는 어떻게 살지, 자신의 미래를 어떻게 만들지 진지하게 고민했어요. 그리고 지금까지와 전혀 다른 삶을 살기로 결심했죠.

조니는 끔찍했던 그날을 '내가 정말 되고 싶었던 사람이 되기 위한 출발점'으로 삼기로 하고, 머릿속에 맴돌던 생각을 실행에 옮겼어요.

"엄마, 저 네이비실에 지원할 계획이에요."
"그게 무슨 말이니? 대학 입학시험이 얼마 남지 않았는데, 갑자기 네이비실이라니?"
"대학에는 가지 않겠어요. 저는 공부보다는 정신과 육체를 단련하는 데 집중하고 싶어요."
"네 성적이면 미국 명문대학 어디든 들어갈 수 있는데, 해군에 입대하겠다고? 그것도 목숨을 내놓고 훈련한다는 네이비실? 절대 안 된다!"

조니는 실패와 슬픔이 가득한 지난 시간을 극복하기 위해 새로운 사람이 되려 했어요. 예전과 달리 강한 사람으로 다시 태어나고 싶었죠.
하지만 엄마의 반대는 생각보다 훨씬 거셌어요. 조니도 그런 엄마의 마음을 어느 정도는 이해할 수 있었죠.
아빠와 달리 엄마는 조니를 사랑으로 대하셨어요. 엄마는 오로지 조니와 동생만을 위해 사셨어요. 아빠의 폭력을 견딘 것도 아들인 조니가 더 나은 삶을 살기를 바랐기 때문이에요.

"엄마, 저는 강한 사람이 되어 우리 가족을 지키고 싶어요. 이해해 주세요. 네이비실에서 지금보다 더 나은 사람, 폭력 앞에 당당히 맞서는 사람이 되고 싶어요."

엄마는 평소에는 온순하지만, 한 번 마음먹은 일은 끝까지 해내는 조니의 고집을 잘 알고 있었어요. 더는 말릴 수 없다고 생각한 엄마는 네이비실에 지원서를 내러 가는 날, 조니를 부대 앞까지 데려다주었어요.

"조니, 정말 군대에 갈 거니?"
"네."

"지금까지 네가 얼마나 힘들게 살았는지 엄마가 잘 알고 있는데, 어떻게 너를 또 위험한 곳으로 보낼 수 있겠니?"

조니는 잠시 흔들렸어요. 엄마와 동생을 사랑하는 마음이 너무나 컸으니까요. 하지만 어렵게 한 결정을 바꿀 수는 없었어요.

"엄마, 저는 그동안 좋은 대학에 들어가 엄마를 기쁘게 해드릴 생각에 꿈이나 목표 없이 그저 공부만 열심히 했어요. 그런데 네이비실에 가겠다고 결심한 순간부터 저에게도 드디어 꿈이 생겼어요. 저는 끝까지 살아남는 강인한 해군이 되고 싶어요."

엄마는 눈물을 흘리며 조니를 끌어안았어요. 조니는 엄마에게 인사하고, 당당하게 부대로 들어가 지원서를 냈어요. 조니는 미래를 향해 펼쳐진 새로운 길을 한 걸음씩 힘차게 내디뎠어요.

✱ 네이비실이 뭐예요?

 네이비실(Navy SEALs)이 뭐예요?

네이비실은 세계에서 가장 뛰어나다고 평가받는 미국 해군의 특수 부대예요. '실(SEALs)'이라는 이름은 바다(Sea), 공중(Air), 육지(Land)의 약자로, 어디서든 작전을 수행할 수 있다는 의미를 담고 있어요. 네이비실 특수 부대원들은 물속을 잠수하거나 비행기에서 낙하산을 타고 뛰어내려 적이 있는 곳에 침투해요. 도시, 산, 사막을 가리지 않고 작전을 수행하지요. 네이비실은 위험한 곳에서 정보를 수집하거나 적의 기지를 공격하는 역할도 해요. 때로는 인질을 구출하거나 테러를 막는 작전도 한답니다.

 네이비실에 지원하려면 어떤 자격을 갖추어야 하나요?

네이비실은 미국 시민권을 지닌 18~29세의 남성만 지원할 수 있어요. 입대한 후에는 기초 군사 훈련을 통과해야 네이비실 대원으로 본격적인 훈련을 받을 수 있지요. 기초 군사 훈련은 굉장히 혹독하다고 알려져 있어요. 훈련 중 지원자의 50퍼센트가 탈락할 정도로 정신적, 육체적 어려움을 겪지요. "The only easy day was yesterday(가장 쉬운 날은 어제였다.)"라는 말이 있을 정도로 네이비실은 매일 더 어려운 과제를 수행해요. 네이비실에는 매

년 약 4천 명이 지원하지만, 실제 활동하는 인원은 지원자의 약 6%에 불과하대요.

 네이비실에서는 협력이 중요하다던데, 왜 그런가요?

네이비실은 혼자 행동하지 않고 항상 6~18명의 팀으로 움직여요. 저격수, 의무병, 폭파 전문가 등 서로 다른 특기를 가진 대원들이 협력해 임무를 수행하지요. 팀원들은 서로의 생명을 책임지는 관계예요. 전쟁이나 테러와 같은 극한의 상황에서는 군사 기술보다 서로를 믿고, 역할을 나누는 협력 관계가 작전의 성공을 결정짓기 때문이에요.

그래서 네이비실에서는 협력과 의사소통 능력을 중요하게 여겨요. 팀원 간의 신뢰와 책임감을 키우는 훈련도 늘 하는데, 이 훈련을 통해 자신의 역할을 다하면서 팀의 성공에도 기여하는 자세를 갖추게 되지요. 작전에 실패할 경우 서로를 탓하기보다는 각자 자신의 역할을 잘 수행했는지 반성하고, 다시 힘든 훈련을 반복하며 팀워크를 강화해요.

네이비실이 훈련하는 모습

2장

지지 않는 강한 사람이 될 거야

미국 해군 특수 부대

 귀하는 미국 해군 신병 모집에 지원하여, 서류 심사를 통과하였습니다.
 기초 군사 훈련을 위한 체력 테스트가 있으니, 정해진 날짜에 참가해 주시기 바랍니다.

"야호!"

 네이비실 입대를 위한 서류 심사에서 합격했다는 연락을 받은 조니는 만세를 불렀어요.

네이비실에 들어가려면 서류 심사 합격 후, 체력 기준을 통과해야 해요. 기본 체력 측정은 네이비실에서 본격적으로 훈련을 받기 위한 정신적, 육체적 준비가 되어 있는지를 확인하는 과정이에요. 여기에서 정한 기준을 통과하지 못하면 네이비실이 되지 못해요.

조니는 서점으로 달려가 전직 네이비실 대원이 쓴 책을 한 권 샀어요. 책에는 체력 테스트에 대한 내용과 네이비실 대원들이 실제로 하는 운동에 대한 내용이 들어 있었지요.

"이게 가능해? 2.4킬로미터를 9분 이내에 달리고, 팔굽혀펴기와 윗몸일으키기를 2분 내에 각각 1백 개씩 해야 한다고?"

조니는 이 책을 교과서 삼아 체력 훈련을 시작했어요. 매일 새벽에 5킬로미터를 달리고, 팔굽혀펴기, 윗몸일으키기, 턱걸이를 연습했지요.

수영도 특별 훈련이 필요했어요. 학교에서 수구팀 선수로 활동한 조니는 물에서 하는 운동이라면 무엇이든 자신이 있었지만 네이비실이 요구하는 수영은 차원이 달랐어요.

네이비실 체력 테스트를 통과하기 위해서는 바닷물에서 9분 안에 500미터를 헤엄쳐야 해요. 바다 수영에 익숙하지 않은 조니에게는 너무나 높은 목표였죠. 조니는 매일 오후 수영장에서, 주말에는 바닷가에서 실전에 대비한 훈련을 했어요.

어느 날 학교 수업을 마치고 수영장에 가려고 교문을 나서는데 친구 다니엘이 뒤에서 조니의 어깨를 툭 치며 말을 걸었어요.

"조니, 또 수영하러 가?"

"응, 오늘 기록 재는 날이야."

"다른 친구들은 모두 SAT*, ACT** 준비하느라 바쁜데,

---

* SAT(Scholastic Aptitude Test)는 미국 대학 입학을 위한 표준적인 시험이에요. 주로 독해, 문법, 수학 시험을 통해 논리력과 사고력을 평가해요.

** ACT(American College Testing)는 미국 대학 입학을 위해 영어, 수학, 독해, 과학 실력을 평가하는 시험이에요. 과학 영역이 있어 이과 학생들에게 유리하지요. 미국 학생들은 자신의 강점에 따라 SAT와 ACT 중 자신에게 더 잘 맞는 시험을 선택해요.

너는 달리기하고, 수영하느라 바쁘냐?"

조니는 웃으며 대답했어요.

"내가 얼마나 강한 사람인지 매일 확인하고 있어. 지금 내 수영 실력을 보면, 너도 깜짝 놀랄걸?"
"네가 수영 실력만 키우고 있어서 다행이다. 너같이 공부 잘하는 녀석이 SAT, ACT 준비했으면 큰일 났을 거야. 대학 입학시험에서 경쟁자 한 명이 줄어들게 해줘서 고맙다!"

다니엘의 말처럼 대학에 가지 않겠다는 조니의 선택은 다른 친구들과 너무 다른 방향이었어요. 친구들이 대학 입학시험을 준비하는 동안 조니는 잠을 줄여 새벽마다 달리고, 무거운 바벨을 들어 올렸어요.

스스로 한 선택이라 후회는 없었어요. 매일 조금

씩 더 강도 높은 훈련을 하면서 신체의 한계를 극복해 가는 느낌이 너무 좋았으니까요.

네이비실 입대를 위한 기초 군사 훈련 사전 테스트가 있던 날, 거울 앞에 선 조니는 스스로에게 물었어요.

"조니, 너는 왜 힘든 네이비실에 들어가려는 거니?"

그리고 속으로 답했죠.

'강한 사람이 되고 싶으니까. 아빠가 무서워 폭력에 맞서지 못하고 피하기만 했던 나, 엄마와 동생을 지켜주지 못해 발만 동동 구르던 무기력한 나로 돌아가기는 싫으니까. 난 지금 내가 강한 사람이라는 걸 나 자신에게 증명하는 중이야.'

네이비실 입대를 위한 체력 측정 테스트의 마지막, 바다 수영 시간이 되었어요. 조니는 망설임없이 차가운 바닷물에 몸을 던졌어요. 순간 온몸이 얼어붙는 것 같았어요. 곧이어 높이 치솟아 오른 파도가 그물처럼 조니의 몸을 휘감았죠. 조니는 온몸의 힘을 빼고, 파도에 몸을 맡겼어요. 힘차게 팔을 뻗어, 파도를 타며 앞으로, 앞으로 나아갔지요.

조니는 쉬지 않고 팔을 휘젓고, 발을 움직였어요. 거센 파도가 온몸을 부술 것 같이 짓눌러도 멈추지 않았어요.

'삐익!'

온몸에 힘이 빠지고, 더 이상 갈 수 없겠다는 생각이 들 즈음, 귓가에 호루라기 소리가 울렸어요.

"조니 김, 8분 47초. 기초 체력 테스트 통과! 이로서 넌 네이비실의 훈련을 받을 자격을 얻었다!"

물속에서 손과 발이 묶이다

네이비실이 되기 위해 체력 시험을 준비한 몇 달 동안 조니는 이미 다른 사람으로 변해 있었어요. 체력이 강해졌고, 힘든 훈련을 견딜 정신력도 얻었죠. 하지만 본격적인 훈련이 시작되자마자 조니는 그것이 얼마나 큰 착각이었는지 깨달았어요. 조니의 자신감은 첫날부터 땅속으로 처박히고 말았죠.

네이비실에 들어가면 총 62주 동안 '지옥 훈련'을 해요. 조니가 만났던 필립 교관은 특히 더 엄격해서 '악마'라는 별명이 붙은 사람이었어요.

"나는 너희를 지옥으로 안내할 필립 교관이다. 너희는 하늘, 바다, 땅 언제 어디에서나 작전을 수행할 수 있는 특수 요원이 되기 위해 이곳에 왔을 것이다. 나는 그런 너희를 탈락시키기 위해 이 자리에 섰다. 지금부터 인간이 어디까지 참고 견딜 수 있는지 한계를 경험할 것이다. 그리고 도망을 궁리할 것이다. 난 도망치는 사람을 환영한다. 내가 훈련 중 '탈락'이라고 외치면, 지체하지 말고 짐을 싸서 나가라! 작별 인사 따위는 기대하지 말고!"

조니는 훈련 첫날부터 지적을 받았어요. 2분에 180개가 목표인 팔굽혀펴기를 하다가 133개에서 너무 힘들어서 5초쯤 그대로 멈추었거든요.

필립 교관은 조니에게 소리쳤어요.

"거기 5473번!"
"네, 5473번!"
"지금 쉬고 있어? 네이비실이 되겠다는 녀석이?"
"죄송합니다. 다시 하겠습니다!"
"너희는 지금 극한의 환경에서 생존할 수 있는 몸과 정신을 만드는 과정에 있다. 정해진 시간 이외에 쉬는 것은 몸의 한계를 스스로 낮추는 일이다. 너는 처음부터 다시 팔굽혀펴기 180개를 시작한다."

"네?"

"실시!"

억울했지만 어쩔 수 없었어요. 네이비실에 들어가려면 이 지옥을 반드시 통과해야 했죠. 팔굽혀펴기를 하는 조니의 팔이 바르르 떨렸어요.

팔굽혀펴기는 아주 쉬운 단계였어요. 네이비실의 훈련은 언제나 조니의 예상을 훌쩍 뛰어넘었죠.

그중에서도 '물속에서 손발 묶인 상태의 생존 훈련'은 죽음을 넘나드는 공포 그 자체였어요. 필립 교관은 조니가 속한 3조 대원들의 손과 발을 밧줄로 묶으며 말했어요.

"이 훈련의 목적은 단순한 수영이 아니다. 목숨이 위험한 상황에서 침착함을 유지하고 생존하는 능력을 기르기 위한 테스트다!"

그러더니 조니를 포함한 훈련생들을 5미터 깊이의 수영장으로 밀었어요. 물속에 빠진 조니는 숨을 쉬기 위해 바닥을 차며 물 위로 떠올라야 했죠. 조니와 대원들은 손과 발이 묶여 있는 상태에서 머리와 몸통을 가능한 크게 움직여 헤엄쳤어요.

"푸하!"

간신히 물 위로 올라와 숨을 내뱉으며 주위를 둘러본 조니는 깜짝 놀랐어요. 사방이 어두컴컴해서 아무것도 보이지 않았거든요. 그때 누군가가 조니의 머리를 눌러 다시 바닥으로 밀어 넣었어요.

"으악!"

너무 놀라 소리치는 바람에 조니는 수영장 물을 한 바가지쯤 들이마셔야 했어요. 그 순간 이대로 물에서 나가지 못해 죽을지 모른다는 공포가 밀려왔어요. 극한의 공포 속에서 어떻게 살아남을지를 판단해야 했지요. 여전히 손과 발이 묶여 있는 조니는 물속에서 온 힘을 다해 몸을 뒤집었어요. 마치 회오리처럼 몸을 물 밖으로 밀어 올리며 겨우 물 위로 올라온 조니는 참았던 숨을 몰아쉬었어요.

"후!"

하지만 마음을 놓을 새도 없이 다음 미션을 수행해야 했지요.

물에서 나온 훈련생들은 육지로 설정된 목표 지점을 찾아 나아갔어요. 입수하기 전 기억해 두었던 목표물의 위치와 방향은 암흑 속에서 아무런 소용이 없었어요. 조니는 잠시 눈을 감고 어떤 감각을 이용해야 할지 생각했어요. 그리고 "야!"라고 크게 소리쳤죠. 소리가 돌아오는 속도와 울림의 크기로 지금 있는 공간의 크기를 추측한 거예요. 조니는 소리가 빠르게 돌아오는 쪽을 향해 몸을 움직였어요. 그곳에 가까운 벽이 있고, 곧 목표 지점과 가까워지고 있다는 뜻이니까요.

조니는 다시 한 번 손발이 묶인 몸을 회오리처럼 움직

이며 나아갔어요. 목표 지점에 가까스로 도착하자, 필립 교관의 목소리가 들렸어요.

"조니, 잘 찾아왔다. 인간은 눈앞에 아무 것도 보이지 않으면 공포가 밀려와 침착함을 잃지. 하지만 넌 침착하게 위급한 상황에서도 몸을 뒤집어 속도를 높이더군. 아주 잘했다."
"휴!"

조니는 너무 힘들어 온몸에 힘이 하나도 남아있지 않은 상태였어요. 그때 필립 교관의 말이 이어졌어요.

"하지만 정해진 시간보다 5초 늦게 목표물에 도착했으므로, '손발 묶인 상태의 생존 훈련'은 내일 다시 실시한다."
"뭐라고요? 이이…!"

죽다 살아온 조니의 입에서 욕이 튀어나왔어요. 그 말을 들은 필립 교관이 씩 웃었어요.

"그만두고 싶다면 언제든지!"

조니는 악마 교관에게 주먹을 날리고 싶었지만, 꾹 참고 다음 훈련을 준비해야 했어요.

네이비실 훈련의 모든 단계가 힘들고 고통스러웠지만, '기초 수중 폭파 및 실(SEAL) 훈련'은 지옥 중에서도 지옥을 경험한 시간이었어요.

'지옥의 일주일'이라 불리는 기간 동안 훈련생들은 진흙, 모래를 가리지 않고 320킬로미터 이상을 달리고, 하루 20시간 넘게 바닷물을 헤엄쳐 건너요. 추위와 배고픔을 견디는 것도 힘들지만 이 훈련에서 가장 힘든 건 잠을 제대로 잘 수 없다는 거였어요.

3일 동안 두 시간도 채 자지 못한 조니는 너무 졸려서 뛰다가도 스르르 눈이 감겨 넘어지기 일쑤였어요. 하지만 잠시라도 눈을 감으면 필립 교관이 호통을 치며 강제로 몸을 움직이게 했죠.

잠을 자지 못한 상태로 72시간이 넘어가니 정신이 몽롱해지고, 뇌 기능이 떨어져 사람들이 하는 말이 이해되지 않았어요. 훈련 닷새째 되는 날, 필립 교관은 훈련생들에게 다정하게 말했어요.

"힘들게 여기까지 온 너희에게 박수를 보낸다. 여기까지 온 것도 사실 대단한 일이지. 이제부터는 각자의 선택이다. 네이비실에 남는 건 영광스럽지만 고통이 따른다. 이 지옥에서 벗어나면 따뜻하고, 편안한 집으로 돌아갈 수 있다."

필립 교관의 말은 악마의 속삭임이었어요. "앞으로도 계속 힘들 테니까 지금 포기하고 나가!"라고 꼬드기는 말이었지요.

조니는 생각이 멈춘 듯 필립 교관의 말에 흠뻑 빠졌어요. '조니, 너는 충분히 노력했어. 지금 그만둔다고 누가 뭐라 하겠니? 이제 됐어. 편안한 집으로 돌아가자.' 하고 속삭이는 것 같았죠. 그때 옆에 있던 동기 올리버가 조니의 팔을 툭 쳤어요.

"조니, 저 말 너무 달콤하지? 여기에서 벗어나면 따뜻하고 편안할 수 있다는 말."

"너도 그렇게 느꼈어? 나, 캘리포니아에 있는 우리 집으로 돌아가고 싶어. 엄마가 있는 편안하고 따뜻한 집 말이야."

"정신 차려, 조니! 필립 교관은 지금 우리를 시험하는 거야. 네이비실은 입대한 이후에도 수많은 어려움을 헤쳐 나가야 하니까, 정신이 약한 사람들을 거르려는 심리 작전이라고."

"아! 그렇구나!"

조니는 그제야 정신이 번쩍 들었어요. 너무 힘든 훈련을 하다 보니까 자꾸 마음이 약해졌어요. 하루에도 수십

번씩 그만두고 집에 돌아갈까 망설였지요. 그때마다 친구 올리버가 있어 버틸 수 있었어요.

네이비실 훈련장 가운데에는 커다란 종이 달려 있어요. 더 이상 견딜 수 없겠다 싶을 때 달려가서 직접 이 종을 세 번 치면 훈련을 그만둘 수 있죠. 조니는 그 종이 울릴 때마다 마음이 흔들렸어요.

'나도 이쯤에서 그만두고 이 고통스러운 곳에서 탈출하고 싶다.'

지옥 주간에 입대 동기 절반 이상이 탈락했어요. 교관이 '탈락!'을 외쳐 쫓겨나기도 했지만 훈련생이 스스로 종을 치고 떠나기도 했어요. 그때마다 조니는 이를 악물고 종을 울리고 싶은 유혹을 참아냈어요.

조니는 지옥의 일주일 동안 울고, 쓰러지고, 기절하며 정신이 반은 나간 상태로 간신히 버텼어요. 무슨 일이 일어났는지 생각할 겨를도 없이 몸을 움직여야 했지요. 어쩔 땐 멈추라는 지시가 떨어졌는데, 다리가 멈춰지지 않았어요. 정신이 몸을 지배할 수 없는 상태에 이른 거예요.

네이비실 훈련이 이 정도로 고통스러울 줄은 상상도 못 했어요. 조니는 어느 순간부터 훈련장 한가운데 있는 종을 일부러 보지 않았어요. 그 종을 보면 달려가 치고 싶은 마음이 들었으니까요.

지옥 훈련이 막바지에 이를 즈음, 바다를 3킬로미터 수영하여 육지로 올라와 모래밭 10킬로미터를 달린 뒤, 산에 올라가 인질을 구출하는 훈련이 있었어요. 조니의 옆에서 달리던 올리버의 다리가 풀리더니, 점점 뒤로 처졌어요.

며칠 동안 잠을 제대로 자지 못한 데다가, 추운 바닷물에서 오래 수영한 탓에 올리버는 체온 조절이 되지 않았어요. 조니도 상태는 비슷했지만, 올리버를 살피려고 일부러 눈을 부릅떴어요. 조니는 올리버의 팔짱을 끼고 달렸어요.

"힘내. 조금만, 조금만 더 가자!"

그때였어요. 올리버의 눈이 흰자위만 보이게 돌아가더니 그 자리에서 고꾸라졌어요.

"올리버, 정신 차려! 얼마 안 남았어."

조니가 올리버를 흔들어 깨웠지만 소용없었어요. 교관의 호루라기 소리가 들리고 대기 중이던 의료진이 달려왔어요. 의료진은 플래시로 올리버의 눈을 살피더니 담요로 감싸 의료실로 옮겼어요. 교관의 단호한 목소리가 조니의 귓가에 울려퍼졌어요.

"올리버는 여기서 탈락! 나머지는 목표를 향해 계속 간다!"

조니는 눈물을 흘리며 대들었어요.

"동료가 쓰러졌는데, 당신은 피도 눈물도 없습니까?"
"네이비실이 되면 이보다 더한 일도 겪는다. 전쟁터에서도 친구가 죽었다고, 함께 죽을 생각인가? 너까지 탈락하고 싶지 않으면, 잔말 말고 달려!"

조니는 더 이상 멈출 수도, 쓰러진 친구를 도울 수도 없었어요. 그저 네이비실이 짜놓은 훈련 프로그램을 따라 더 깊은 고통 속으로 달려가야 했지요.

마음을 나눴던 동료까지 탈락하면서 조니의 마음은 한꺼번에 무너졌어요.

"올리버, 미안해!"

조니는 울면서 모래밭을 달렸어요. 그리고 다시 스스로에게 물어야 했지요.

"조니, 너는 왜 이토록 고통스러운 네이비실에 남으려고 하는 거야?"
'너는 과거의 조니와 싸우고 있는 거잖아. 다시는 그런 나약한 소년이 되고 싶지 않아서 네이비실이 되려는 거고.'

스스로 답을 내리고 나자, 그다음부터는 아무런 생각이 나지 않고, 오히려 단순해졌어요. 오직 이 순간, 어떻게 호

흡할 것인가, 어떻게 발을 내디딜 것인가에만 집중했어요.

올리버가 떠난 끔찍한 밤, 조니는 어떻게 했는지도 모르게 산에 올라 인질을 구출하여 내려왔어요.

임무를 마치고 모래밭에 다다랐을 때, 저 멀리 태평양에서 태양이 떠오르고 있었어요. 해가 솟아오르는 모습은 너무나 평화로웠어요. 파도는 부드럽게 밀려오고, 소금기를 머금은 바람이 조니의 코를 스쳤어요. 눈이 부신 태양을 등에 지고 필립 교관이 나직하게 말했어요.

"지옥의 6일이 끝났다. 너희는 지옥에서 살아남았다."

모두가 기다리던 말이었지만 훈련생들 중 아무도 환호하지 않았어요. 고요한 시간이 몇 분쯤 흘렀을까, 필립 교관은 원망 어린 눈동자로 자신을 쳐다보는 조니에게 말했어요.

"조니, 너는 네이비실 대원이 되었다. 이 세상에서 가장 강한 사람이다. 네가 걱정하는 올리버는 정신이 돌아왔고, 병원에서 치료 중이다."

올리버가 괜찮다는 말에 안심한 조니는 마지막 남은 힘을 모아 필립 교관을 끌어안았어요. 악마처럼 미운 사람이었지만, 조니가 이 고통의 과정을 통과할 수 있도록 이끌어 준 사람이었으니까요. 악마 교관이 조니의 머리를 쓰다듬으며 말했어요.

"난 네가 해낼 줄 알았다. 너는 훌륭한 네이비실이 될 것이다. 살아 남아주어 고맙다, 조니."

조니는 말없이 눈물을 흘렸어요.

'나는 살아남았다. 나의 한계를 뛰어넘었다. 아무리 힘들어도 포기하지 않겠다고 소년 조니에게 했던 약속을 지켰다.'

온몸이 상처투성이고, 눈에 핏발이 올라온 조니는 바닷가 모래사장에 쓰러져 그대로 잠이 들어 버렸어요.

사람을 죽이는 군인, 사람을 살리는 군인

2003년, 미국과 이라크 간의 전쟁이 일어났어요. 당시 조니는 SEAL 3팀에서 임무를 수행하고 있었어요. 이 팀은 이라크, 아프가니스탄 등 중동 지역에서 대테러 작전과 적진 침투, 인질 구출, 정찰 임무 등을 수행하는 특수 작전 부대예요.

조니는 이라크 전쟁에 참전해 1백여 차례 이상의 전투 작전을 수행했어요. 아무리 평소에 훈련을 많이 했어도 전쟁터는 완전히 다른 세계였어요. 잘못을 지적해 주는 교관도 없고, 안전장치도 없었거든요. 전쟁터에서의 작은 실수는 곧 죽음을 의미해요. 잘못된 행동 하나가 부대 전체의 죽음으로 이어질 수도 있죠. 모든 순간 극도의 긴장과 집중력이 필요했어요.

여러 작전 중에서도 크리스 카일(Chris Kyle)과 함께했던 작전은 결코 잊을 수 없는 경험이었어요. 크리스 카일은 네이비실 소속으로 이라크 전쟁에서 엄청난 성과를 올린 전설의 저격수예요. 약 2킬로미터 거리에서 로켓 발사기를 들고 적을 정확히 사살하여 최장 거리 저격 기록을

세웠고, 이라크 군에서 크리스 카일을 잡으라는 명령을 내리고 높은 현상금을 걸었을 정도로 위협적인 사람이었죠. 그의 이야기는 훗날 영화로 제작되기도 했어요.

조니는 크리스 카일과 함께 이라크의 도시 라마디 전투 작전에 투입되었어요. 라마디는 이라크 지도자가 숨어 있는 지역이어서 가장 어려운 작전으로 꼽혔어요.

조니는 건물 옥상에서 이라크 군의 움직임을 감시하고 무기를 든 적군을 제거하는 저격수 역할을 맡았어요. 조니가 위험한 적군을 없애면, 그사이 다른 군인들이 도시 안으로 들어가 지역 전체를 차지하는 계획이었죠. 작전에 나가기 직전, 리더였던 크리스가 조니에게 말했어요.

"도시에서의 전투는 건물, 골목, 집 등 복잡한 지형에서 벌어지기 때문에 특별히 주의해야 한다. 민간인을 보호해야 하며, 적군이라도 꼭 필요한 순간에만 저격한다."

"적군이 민간인 사이에 숨어 있을 가능성도 있지 않습니까?"

"그런 순간에도 군인은 민간인 피해를 최소화하기 위해 최선을 다해야 한다. 민간인이 무기를 가지고 있거나, 위험한 행동을 보였을 때만 저격한다. '내가 쏘지 않으면 우리 군대가 죽는다.'라는 확신이 섰을 때만 총을 쏜다."

조니가 크리스 카일과 함께했던 라마디 작전은 미군에 압도적 승리를 안겨주었어요. 조니는 크리스 카일과 일하면서 저격의 기술뿐 아니라, 전쟁터에 나온 군인일지라도 민간인을 보호할 의무와 인간의 생명을 지키는 윤리를 지녀야 한다는 배움을 얻었어요.

*＊＊

조니는 이라크 전쟁에서 테러 조직을 제거하고, 건물을 폭파하고, 인질을 구출하는 등 여러 작전을 성공적으로 수행했어요. 저격수뿐 아니라 항해사, 의무병, 돌격병까지 다양한 역할을 소화했지요. 네이비실 활동은 조니를 자부심과 자신감이 넘치는 사람으로 만들어줬어요.

네이비실로서 했던 여러 가지 활동 중 조니에게 특별한 의미로 다가온 일이 있었어요. 바로 '의무병' 활동이에요. 조니는 의무병으로 일하면서 수많은 동료가 부상을 입거나 목숨을 잃는 모습을 보았어요. 동료의 시신 옆에서 군인이라는 신분도 잊고 펑펑 울기도 했지요. 하지만 전쟁터에서는 오래 슬퍼할 시간이 없어요. 바로 다음 작전을 수행해야 하니까요.

조니가 의무병으로 참가했던 어느 전투에서 있었던 일이에요. 동료 로건이 다리에 총을 맞고 쓰러졌지요. 조니는 앞뒤 가리지 않고 달렸어요. 그 순간 누군가 조니의 팔을 잡아 넘어뜨렸어요.

"왜 그러세요?"

"저기 이라크군 안 보여? 그대로 가면 너도 총 맞아 죽어."

앞을 보니 로건 옆에는 이라크 군인 한 명이 쓰러져 신음하고 있었어요. 그 순간에도 조니는 망설이지 않았어요.

"나는 쓰러진 사람, 다친 사람을 한 명이라도 더 구조할 책임이 있는 의무병입니다."

조니는 일어서 이라크 군이 있는 쪽으로 달려가 피 흘리는 로건의 다리를 지혈하고, 옆에 있던 이라크 병사에게도 생명에 지장이 없도록 응급처치를 해주었어요.

조니는 전쟁터에서 의무병은 누군가를 죽이기 위해 존재하는 것이 아니라 살리기 위해 활동한다는 사실을 되새겼어요. 인간의 생명이 위험한 상황에서 우리편과 상대편을 가려 치료할 수 없었죠.

훗날 미국 정부는 '적의 포화 속에서도 생명을 구하기 위해 뛰어든 조니 김의 용기를 널리 알린다.'며 3개의 훈장을 수여했어요. 그중 '은성무공훈장'은 미국 군인이 받을 수 있는 훈장 중 세 번째로 손꼽히는 권위 있고 영광스러운 상이에요. 조니는 훈장을 받는 자리에서 약속했어요.

"나는 더 많은 생명을 구하는 사람이 되고 싶습니다. 함께하는 동료들이 나를 믿고 의지할 수 있도록, 나는 어떤 상황에서도 동료들의 생명을 포기하지 않을 것입니다."

라이언, 지키지 못해 미안해

"라이언, 준비됐어? 오늘 전투 힘들 거야. 마음 단단히 먹자."

"너도 몸조심해! 괜히 다친 사람 구한다고 적군인 이라크 군대까지 뛰어가는 일은 없어야 해!"

지난 전투 때 총탄이 날아드는 상황에서 조니가 이라크군 부상병을 구하겠다고 달려간 일을 두고 라이언이 농담을 던졌어요. 라이언의 우스갯소리에 조니도 긴장을 풀고 모처럼 웃을 수 있었지요. 라이언은 미국 해군 네이비실 소속의 유능한 저격수예요. 조니와 라이언은 이라크전의 여러 작전을 함께 하면서 서로 무척 믿고 의지하는 친구로 지냈어요.

2006년 8월, 조니는 그날의 일을 지금도 또렷하게 기억하고 있어요. 가장 충격적이면서, 조니의 인생 방향을 바꾸는 계기가 되었던 날이기 때문이에요.

조니는 전투 의무병으로, 라이언은 돌격대로 전투에 나갔어요. 총격전이 한창이던 순간, 라이언이 왼쪽 얼굴에 총을 맞고 쓰러졌어요. 조니가 발견하고 달려갔을 때 라이언은 이미 피를 너무 많이 흘려 피 웅덩이에 누워 있었지요. 조니는 벌벌 떨리는 손으로 가방에서 의료 도구를 꺼냈어요.

"라이언, 조금만 기다려. 피 멈추게 해줄게."

라이언 앞에서 애써 침착한 척했지만, 조니는 떨리고 두려운 마음을 가누기 힘들었어요. 라이언은 오히려 그런 조니를 걱정했어요.

"조니, 자세를 낮춰. 저쪽에서 총을 쏘면 네가 맞을 수 있으니까 조심해."
"야, 이 녀석아. 넌 피 흘리고 쓰러져 있으면서도 내 걱정이냐?"

조니는 눈물이 쏟아졌지만, 마음을 다잡았어요. 동료를 살려야 할 의무가 있는 의무병이었으니까요. 조니는 라이언의 피를 멈추게 하고, 통증을 줄이려고 노력했어요. 하지만 온갖 의료 지식을 동원하여 빠르게 응급처치를 해도 라이언의 상태는 점점 나빠졌어요.

"라이언, 본부에 연락했어. 곧 너를 구하러 헬기가 올 거야."

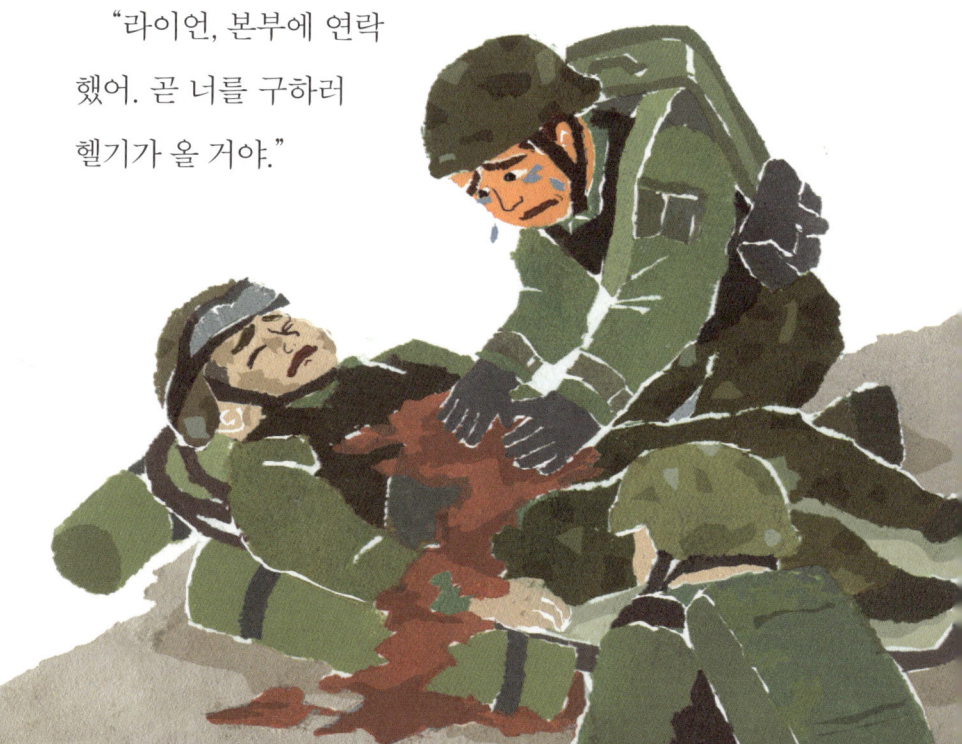

그러는 동안에도 피는 멈추지 않았어요. 극심한 고통에도 라이언은 정신을 잃지 않으려고 안간힘을 썼어요.

잠시 후 환자용 응급 수송 헬기 대신 구급차가 도착했고, 미군 해군 소속 군의관 리처드 소령이 차에서 내렸어요. 리처드 소령은 라이언의 상태를 살폈어요. 조니는 소령에게 환자의 현재 상태를 보고했어요.

"얼굴에 총탄을 맞아 광대뼈가 함몰되고 시력을 잃을 정도의 중상을 입은 상태입니다. 출혈을 멈추고, 기도를 확보하기 위한 수술이 시급하므로, 캠프 라마디로 옮기는 게 좋겠습니다."

캠프 라마디는 본부가 있는 장소로, 의료 시설이 있어 응급 수술을 받을 수 있어요. 하지만 리처드 소령은 조니와 전혀 다른 판단을 내렸어요.

"라이언을 이곳과 가장 가까운 막사로 옮겨라."
"그게 무슨 말씀입니까? 막사는 수술은커녕 전기도 들어오지 않고, 위생 상태도 엉망이지 않습니까? 안 됩니다,

캠프 라마디로 옮겨 주십시오."

"소령의 명령에 불복종하겠다는 건가?"

"……."

군인인 조니는 상관의 명령에 복종할 수밖에 없었어요. 리처드 소령은 라이언을 군인들이 묵는 막사로 데려가 침대에 눕혔어요. 숨을 더욱 가쁘게 쉬던 라이언의 의식이 흐려지는 것이 보였어요. 그러자 소령은 라이언이 숨을 쉴 수 있도록 코에 호스를 넣으려고 했어요. 하지만 조니는 이것이 턱뼈 부상이 있는 환자에게는 적합하지 않다는 것을 알고 있었어요. 코를 통해 호스를 삽입하다가 뇌까지 다칠 위험이 있기 때문이죠. 조니는 강하게 반대했어요.

"소령님! 그 방식은 너무 위험합니다. 라이언은 볼에 총을 맞아 광대뼈와 턱뼈가 무너졌고, 눈까지 위험한 상태입니다."

"네가 의사야? 겨우 의무병으로 몇 번 작전 수행했다고 나를 가르치려는 거야?"

조니는 몇 번이고 반대했지만 받아들여지지 않았어요. 조니는 스물두 살에 불과한 의무병이었고, 그는 의료 전문 지식을 지닌 의사이자 소령이었으니까요.

리처드 소령은 라이언의 코에 호스를 꽂았고, 이 과정에서 라이언은 뇌를 다치고 시력을 잃었어요. 그때 리처드 소령의 응급처치는 절대로 하면 안 되는 방법이었어요. 예상대로 라이언의 상태는 하루가 다르게 나빠졌어요. 조니는 틈이 날 때마다 라이언의 병실을 찾았어요. 소중한 친구를 지켜주지 못했다는 죄책감이 시달리면서 말이에요.

'그때 내가 더 강하게 주장했더라면, 그래서 응급처치가 제대로 되었더라면……'

라이언은 뇌 기능이 떨어져 말을 제대로 하지 못했어요. 시력을 완전히 잃어 조니의 얼굴도 알아보지 못했죠. 조니는 일부러 밝은 목소리로 라이언에게 인사했어요.

"안녕, 라이언!"

"어…? 조니."

라이언은 또렷하지 않은 발음이었지만, 최선을 다해 조니에게 말했어요.

"네가…. 나를 위해 리처드 소령에게 목소리를 내주어서… 네 덕분에… 나는… 조금 더 살 수 있었…어. 고…마…워…."

라이언은 죽어가면서도 조니에게 고맙다고 말했어요. 그럴수록 조니의 좌절은 더 깊어졌어요.

"미안해, 라이언. 내가 아무리 전투 의무병으로 훈련을 받았어도, 그 순간에 소중한 친구인 너를 구할 수 없었어."

얼마 후 라이언은 다시 수술을 받다가 끝내 세상을 떠났어요.
조니는 친구 라이언을 떠나보내며 전투 현장에서 의료 체계의 문제점을 깨달았어요. 그리고 결심했어요. 계급의

차이가 어떻고, 힘의 차이가 어떻고 간에 잘못된 일을 본다면, 특히 그것이 누군가의 생명과 관련 있는 일이라면 무조건 나서서 더 강하게 주장하겠다고요.

"전쟁터에서 생명을 구하기 위해서는 전문적인 지식과 기술이 있어야 해."

라이언의 죽음을 계기로 조니는 의학을 공부하기로 마음을 먹었어요. 의학의 여러 분야 중에서도 전장에서 가장 필요한 응급의학을 전공하기로 결심했죠. 조니는 라이언의 무덤 앞에서 눈물을 흘리며 약속했어요.

"너의 죽음이 헛되지 않도록 할게. 내가 의사가 되어 세상을 더 나은 곳으로 만들기 위해 최선을 다할게."

* 이라크 전쟁에 대해 알려 주세요

 조니 김이 참전했던 이라크 전쟁은 왜 일어났어요?

미국과 이라크 전쟁은 2003부터 2011년까지 약 8년 동안 벌어졌어요. 2001년 9월 11일에 일어난 테러 사건으로 미국은 이슬람 세력을 적으로 규정하고 '테러와의 전쟁'을 선언했어요.

미국 정부는 이라크의 지도자 사담 후세인이 비밀리에 핵무기를 개발하고, 9·11 테러를 일으킨 이슬람 단체를 지원한다며 이라크를 공격했어요. 나중에 밝혀졌지만, 이것은 증거가 부족한 가짜 정보였어요. 실제로 미국이 이라크를 공격한 이유는 이라크의 석유를 차지하고, 중동에서 정치적 영향력을 높이려는 의도였다는 분석이 더 많아요.

미국은 이라크 전쟁에서 군사적으로는 승리했지만, 전 세계로부터 "이유도 분명하지 않은 전쟁을 했다."라는 비난을 받았어요. 이 전쟁으로 세상을 떠난 미국 군인이 4천 5백여 명이고, 다친 사람은 무려 3만 2천여 명에 이른다고 해요. 미국이 이라크 전쟁에 들인 돈은 1조 달러, 우리 돈으로 계산하면 1,381조 7천억 원이에요, 대한민국 1년 예산의 약 20배에 해당하는 엄청난 금액이지요. 그래서 국제 정치 전문가들은 미국이 벌인 이라크 전쟁을 '승자 없는 전쟁' 혹은 '비용이 너무 큰 승리'라고 평가해요.

네이비실이 오사마 빈 라덴 암살 작전을 수행했다고요?

 네이비실은 2011년 이슬람 종교 지도자 오사마 빈 라덴을 찾아내어 사살했어요. 빈 라덴은 2001년 미국 9·11테러를 일으킨 주범으로 지목받던 인물이에요. 미국 9·11테러는 이슬람 극단주의 테러범들이 미국 여객기를 납치해 뉴욕의 세계무역센터 빌딩에 충돌한 사건이고요. 9·11테러로 미국에서는 3천여 명이 목숨을 잃었고, 전 세계는 충격과 공포에 휩싸였어요. 미국 정부는 10여 년 동안 오사마 빈 라덴 제거를 국가 목표로 여길 만큼 중요하게 생각했어요.

미국 대통령의 명령을 받은 네이비실 최정예 부대는 헬리콥터를 타고 파키스탄에 숨어있던 빈 라덴의 숙소에 침투해, 약 40분간의 작전 끝에 빈 라덴 제거에 성공했어요. 이 작전은 세계적으로 큰 주목을 받았고, 이 작전의 성공으로 네이비실의 명성이 크게 높아졌어요.

① 이라크 전쟁의 원인이 된 9.11 테러
② 오사마 빈 라덴(왼쪽) ⓒHamid Mir
③ 전투 의무병이 활약하는 모습

3장

네이비실, 그 다음은 의사

하버드 의대에 가다

네이비실을 떠난 조니는 대학 입학시험부터 다시 준비해야 했어요. 미국에서는 고등학교를 졸업한 사람이 바로 의과대학에 진학할 수 없어요. 먼저 일반 대학에 들어가 '프리 메드(Pre-Med)'라 불리는 예비 과정을 졸업해야 의과대학 지원 자격이 생기지요. 프리 메드는 본격적인 의학 공부에 앞서 기초 지식을 쌓는 미국의 학사 제도예요. 학생들은 주로 생물학, 화학, 물리학, 통계학, 수학 등 의학에 도움이 되는 학과를 전공으로 선택해요.

조니는 2009년 샌디에이고대 수학과에 진학했어요. 대학은 조니가 생활했던 군대와 완전히 달랐어요. 네이비실에서는 규율, 임무, 전우애가 최고의 가치였어요. 명령으로 움직이고, 언제나 의지할 동료가 있었지요. 대학은 그렇지 않았어요. 모든 걸 혼자 알아보고 행동해야 했지요. 대학에서 조니는 모든 것이 서툴렀어요.

"화학 강의실이 어디입니까? A1932 강의실로 알고 있는데, 가보니 아무도 없어서요."
"오늘 화학 수업은 교수님이 학회에 가셔서 휴강이고, 다음 주 화요일에 보충 강의가 있습니다. 학생들에게 연락이 갔을 텐데, 못 받으셨나요?"

조니는 군대와는 완전히 다른 학교 생활에 적응하기까지 상당한 시간이 걸렸어요. 어려움을 겪을 때마다 조니는 네이비실에서 훈련하던 시절을 떠올렸지요.

'그 힘들다는 지옥 훈련도 견뎠는데, 공부가 뭐가 힘들어? 힘내자. 다시 시작하는 거야.'

조니는 수학, 물리학, 생물학 등 어려운 과목들을 공부하기 위해 지옥 훈련 때처럼 몸과 마음을 다잡았어요. 네이비실에서 쌓은 체력으로 밤샘 공부, 시험의 무게를 이겨냈지요. 열심히 공부한 만큼 결과도 좋았어요. 조니는 언제나 상위권 성적을 유지했어요.

여름 방학을 앞둔 어느 날, 학과장인 클린트 교수가 조니를 연구실로 불렀어요.

"어서 와라. 이번에도 전 과목 A학점이다. 그간 열심히 공부한 덕분에 3년 만에 조기 졸업을 할 수 있는 자격을 얻게 되었구나! 그것도 최우등 성적으로 말이다."

조니는 모처럼 활짝 웃으며 클린트 교수에게 인사했어요. 대학에서의 3년이 영화처럼 눈앞에 펼쳐졌어요.

대학에서 공부하는 동안 올바른 선택을 했는지 의문을 품을 때가 있었어요. 네이비실에서 많은 성과를 올렸고, 그대로 있었다면 장군까지 올라가는 데 무리가 없었을 텐데, 새로운 인생을 시작한 것이 정말 잘한 일인지 의심했던 거죠.

조니는 그럴 때마다 네이비실 지옥 훈련을 견딜 때처럼 '왜 의사가 되려고 했는가?'를 생각했어요.

전쟁터에서 죽어가는 사람들을 구할 능력이 없어 미안했어요. 생명의 끈을 붙잡고 의무병인 자신에게 매달리던 간절한 눈빛을 잊을 수 없었어요. 무엇보다 잘못된 응급처치로 시력을 잃고, 뇌 기능을 잃고, 끝내 목숨까지 잃은 라이언과 같은 사람이 다시는 나오지 않게 하고 싶었어요.

조니는 하루라도 빨리 의사가 되고자 했어요. 그래서 다른 친구들보다 많은 강의를 들었고, 그 덕분에 남들은 4년이 걸리는 대학 과정을 3년 만에 마칠 수 있었던 거예요.

클린트 교수는 군인이었다가 대학생으로 완벽하게 변신한 조니에게 좋은 소식을 전했어요.

"지난 달에 너를 틸먼 장학생으로 추천했는데, 그 결과도 나왔다. 합격이다! 틸먼 장학생은 성적뿐 아니라 리더십, 봉사 정신, 사회적 영향력을 갖춘 인재들을 뽑는 프로그램이다. 우리 대학에서는 네가 이 조건에 가장 적합하다고 판단해 추천했는데, 이런 좋은 결과가 나왔구나! 축

하한다. 조니."

"고맙습니다. 대학을 졸업하고 의대에 진학하면 학비와 생활비를 어떻게 마련할지 걱정이었는데, 추천해주신 덕분에 장학금으로 해결할 수 있게 되었네요!"

조니는 의사가 되겠다는 목표를 세운 뒤 3년 내내 한눈팔지 않고 달렸어요. 의사가 되어 돈을 많이 벌겠다거나, 높은 지위를 얻으려는 생각은 없었죠. 조니에게 목표는 오직 하나였어요. 전문 의학 지식을 가지고 더 많은 사람을 구해내고, 전쟁터에서 배운 생명 존중의 철학을 실천하는 거예요.

대학을 3년 만에, 그것도 최고의 성적으로 졸업한 조니는 하버드 의과대학에 입학하면서 그 목표에 한 걸음 다가갈 수 있었어요.

하지만 조니는 의대에 들어가 공부를 하며 '인생에서 가장 힘든 시기'를 겪어야 했어요. 네이비실 지옥 훈련, 이라크 전쟁, 3년 만에 대학 조기 졸업 등 많은 경험을 해본 조니도 예상하지 못한 고난이었어요.

하버드 의과대학은 미국은 물론, 전 세계에서 가장 우수한 학생들이 모이는 학교예요. 학업 성적은 전 세계 상위 1퍼센트 이내이고, 넘치는 지적 호기심과 스스로 공부하는 법을 갖춘 학생들이지요. 고등학교와 대학을 거치면서 '공부 귀신'이라 불리는 학생들이 모두 하버드 의대에 모여 있었어요. 대학 시절에 이미 의학 관련 연구 프로젝트에 참여하거나, 논문을 발표한 학생들도 꽤 있었어요.

조니는 이런 학생들과 경쟁하느라 정신을 차릴 수 없었어요. 세포 생물학이니 약리학이니 익숙하지 않은 과목을 공부하려면 밤을 새워도 늘 시간이 모자랐지요. 매일 시험을 보는 생활은 숨이 막혔어요.

조니는 강의실에 앉아 시험을 준비하다가 문득 화가 나서 볼펜을 책상에 소리 나게 내려놓았어요.

"휴, 매일 공부, 시험, 다시 공부, 시험……. 이게 뭐 하는 거지?"

그런 조니에게 옆에 있던 친구 알렉스가 책에서 시선을 떼지 않은 채 타일렀어요.

"조니, 10분 후면 병리학 시험이고, 오후에는 면역학 시험 있다. 하버드 의대생에게는 그렇게 화낼 시간도 부족한 거 알지?"
"너희는 평생을 이렇게 강의실, 도서관, 실험실에서 밤을 보내는 박쥐처럼 살았던 거야?"
"그래. 네 말대로 우리는 공부만 잘하는 박쥐들이지. 하버드 의대생들이 머리가 좋다고 우쭐대지만, 현장 경험은 너를 따라갈 수 없어. 실제 전투에서 총 맞은 사람을 옮기고 응급조치하는 경험은 교수님도 해본 적 없을걸? 그러니 네가 병리학, 면역학 시험 통과해서 재시험 없이, 빠른 시간에 의사 면허를 얻길 바란다."

알렉스의 우스갯소리에 조니는 빙그레 웃었어요. 공부가 너무 힘들어 불평했지만, 조니에게는 이루어야 할 목표가 있었어요.

"맞아, 나는 의사가 되어 꼭 할 일이 있어. 하버드 의대에 엘리트 교육을 받으러 온 게 아니야. 전쟁터에서 사람의 생명을 구할 전문 지식을 쌓으러 온 거야."

다시 힘을 얻은 조니는 펜을 잡고 시험 준비를 했어요.
사실 그즈음 조니는 조금 지쳐 있었어요. 하버드 의대에 다니며 결혼하여 아이들이 태어났거든요. 장학금을 받았지만, 학비와 생활비는 늘 모자랐지요.
조니는 강의가 없는 시간에 주차 단속 아르바이트를 하여 돈을 벌었어요. 도로에 불법으로 주차한 차량을 확인하고 달려가 주차 위반 딱지를 붙이는 일이에요. 공부하고, 아기를 돌보기도 힘든데 저녁이나 주말에는 일까지 해야 했으니, 몸이 열 개라도 모자랄 지경이었지요.

조니가 불법 주차 차량에 과태료 스티커를 붙이면 사람들은 불만을 드러냈어요.

"저기 옆줄에 있는 차도 불법 주차인데, 왜 나만 딱지를 뗍니까?"
"에잇, 재수 없어. 세금 뜯어먹는 벌레가 또 오셨구먼."

과태료를 내야 하는 사람들은 짜증을 내면서 욕설을 퍼붓거나 조니의 몸을 밀치기도 했어요.

"얼마나 배운 게 없으면 이까짓 주차 단속 일로 돈을 벌겠어?"

그들 중에는 대놓고 조니를 무시하는 사람들도 있었어요. 성인이 된 이후 조니가 당하지 않았던 차별이었어요. 네이비실 특수 부대원 출신으로 하버드 의대에 다니는 조니의 정체를 모르는 사람들은 조니의 겉모습만 보고 하찮은 일을 한다고 손가락질한 거예요.

주차 위반 단속 일을 하면서 조니는 일의 크기나 중요

성보다 그 일을 하는 사람의 태도가 중요하다는 깨달음을 얻었어요.

'하버드 의대에 다니는 엘리트라는 생각은 나의 성장에 아무런 도움이 되지 않아. 일에 귀하고 천한 게 어디 있어? 무슨 일이든 필요하면 할 수 있는 거야. 지금 하고 있는 일이 아무리 작더라도 이 일이 나를 더 성숙하게 만든다고 믿고 최선을 다하자.'

조니는 주차 단속을 항의하는 사람들에게 친절하게 설명했어요.

"저는 도시의 차량 흐름과 안전을 위해 주차 위반 차량을 단속하고 있습니다. 당신의 잘못된 주차는 비상시 병원 응급 차량이나 소방차의 통로를 막을 수 있습니다. 성실하게 과태료를 납부해 주시기를 바랍니다."

조니는 일의 크기보다 그 안에 담긴 의미를 중요하게 생각했어요. 주차 단속 아르바이트를 통해 세상을 배우며,

의사가 되었을 때 가져야 할 태도를 가다듬었지요.

'의사가 되어서도 환자의 사회적 지위나 재산에 상관없이 모든 환자를 진심으로 대하고, 정성껏 치료하는 자세를 잊지 말아야겠구나.'

조니는 더 열심히 강의를 듣고, 예습과 복습에 더 많은 시간을 들였어요. 해부학, 미생물학, 의료 윤리, 공공 보건처럼 새로운 과목을 배울 때는 특히 더 집중했죠.

의대를 다니는 내내 조니는 늘 시간이 부족해 뛰어다녔어요. 학업과 아르바이트를 동시에 하려면 잠을 줄이는 수밖에 없으니 새벽 3시 30분에 일어나 하루를 시작했어요. 아이들이 잠든 새벽에 공부하고, 운동을 했어요. 낮에

는 학교에 가고, 저녁에는 집에 돌아와 아이들을 돌봤지요. 주말에는 주차 아르바이트를 했고요. 대신 틈이 날 때 쪽잠을 잤고, 산책과 명상을 하여 건강을 유지했어요.

그렇게 조니는 의사가 되기로 결심한 지 7년여 만인 2016년, 하버드대학에서 의학 박사 학위를 받았어요.

생명을 구하는, 그 설레는 일

의과대학 과정을 마친 조니는 하버드대학 부속 매사추세츠 종합병원에서 레지던트로 수련했어요. 레지던트는 3~4년 동안 환자를 치료하며 실전 능력과 전문 지식을 키우는 과정이에요.

조니는 처음 결심했던 대로 응급의학과를 전공으로 선택했어요. 응급의학과는 단순히 '응급실에서 일하는 의사'가 아니라, 모든 의학 지식을 갖추고 가장 짧은 시간에 생명을 지키는 의료 전문가예요.

조니가 응급의학과 레지던트로 출근하던 첫날이었어

요. 응급 환자가 있다는 비상벨이 울리더니 곧이어 젊은 남자가 응급실로 실려 왔어요. 그 남자는 동네 깡패들과 칼싸움을 벌이다가 몸의 여러 곳을 찔린 상태였어요.

조니는 달려가 피가 흐르는 곳을 막고, 숨을 쉴 수 있도록 몸을 뉘었어요. 환자와 연결된 모니터에서는 환자의 위험 상태를 알리는 숫자와 경고음이 깜빡거렸어요. 출혈 부위가 터질 때면 피가 사방에 분수처럼 치솟았어요.

온몸이 피투성이가 된 조니가 소리쳤어요.

"당장 수혈을 해야 합니다! 간호사님, 혈액 준비해 주세요."

환자를 살리기 위한 응급실은 전쟁터와 다름없었어요. 의사들이 뛰어다니며 긴급 수술을 준비하고, 간호사들은 기계를 설치했어요. 조니는 문득 이 장면을 언젠가 본 적이 있는 듯한 착각이 들었어요. 이라크 전쟁에서 빗발치는 총탄을 피해 쓰러진 전우에게 달려가고, 총을 맞아 피 흘리는 동료를 살리기 위해 온 힘을 다해 상처를 누르던 자신이 그 장면에 있었어요.

응급실은 총알이 날아다니는 위험도 없고, 벽을 흔드는 폭발음도 없는데 마치 전쟁터에 와있는 듯했어요. 조니는 응급의학과 의사의 본질이 무엇인지 깨달았어요.

"여기는 총과 탱크가 없는 전쟁터구나. 적과 싸우는 게 아니라 부상이나 질병과 싸우는 새로운 전쟁터!"

조니는 긴급 수술에 들어가 환자의 혈관을 이어 붙이고 침착한 손길로 환자의 피부를 봉합했어요. 조니의 빠르고 정확한 응급조치 덕분에 스물다섯 군데 칼을 맞은 환자는 목숨을 구할 수 있었어요.

그날 저녁 하버드 대학에서부터 함께 했던 친구 알렉스가 조니에게 물었어요.

"조니, 출근 첫날부터 외과 수술에 참여했다며? 실제 해보니까 어땠어?"

"처음에는 너무 당황해서 학교에서 배운 게 하나도 생각이 나지 않더라. 하지만 환자를 살려야 한다고 생각하니까 내가 가진 온갖 지식과 기술이 다 튀어나오더라고."

조니는 그 어느 때보다 확신에 차서 말을 덧붙였어요.

"응급실은 오직 사람을 살리기 위해 조용하고도 끈질기게 목표를 실천하는 곳이야. 질병이나 위험에 맞서 끊임없이 싸우는 일, 그것이 응급의학과 의사가 가져야 할 임무였어. 알렉스, 나 오늘 의사가 되기를 너무 잘했다고 생각했어. 사람의 생명을 살리는 일에 내가 가진 모든 힘을 쏟고 싶어."

조니는 의사라는 새로운 일에 가슴이 뛰었어요. 생명을 구해내고, 생명을 연장할 수 있는 지식과 기술을 갖추었다는 사실에 깊이 감사하며, 그 기술을 적극적으로 활용하기로 다짐했어요.

항공기 조종하는 군의관

조니는 의사가 된 후에 미국 해군으로 돌아갔어요. 의사가 되어 군대의 의료 수준을 높이겠다는 결심을 실천하기 위해서였죠.

조니는 네이비실 경험과 전문 의학 지식을 동시에 지닌 독보적인 군의관이었어요. 군대에서 사고가 발생했을 때 응급처치, 전투 상황에서 부상자 구조는 조니의 전문 분야였지요. 조니는 군인이자 의사로 조금은 편안한 삶을 누릴 수 있는 순간에도 자기 발전을 위한 노력을 계속했어요.

조니가 미국 해군의 군의관으로 일하던 어느 날, 항공기 조종 책임을 맡고 있는 리암 준장이 조니를 불렀어요. 조니는 그가 자신을 왜 불렀는지 짐작할 수 있었어요.

"어서 오게. 자네가 미 해군 항공 의료 이중 지정자(Aeromedical Dual Designator Program; AMDD)* 과정을 지원했다고 들었네. 지금 응급실 의사로 일하는 것도 쉽지 않을 텐데, 전투기 조종사 훈련까지 감당할 수 있겠나?"

"네. 군의관과 항공기 조종을 동시에 한다는 게 흥미로워서 지원한 겁니다."

"그러면 항공 군의관 이론만 배우고, 실제 훈련은 빠지는 게 어떻겠나? 조종사 훈련이 무척 힘들어서 그 일만 하는 사람들도 통과하기가 쉽지 않거든."

"안 됩니다. 장군님! 제가 직접 해 봐야 조종사들이 항공기를 조종할 때 느끼는 신체적 이상과 심리적 문제를 알아낼 수 있습니다."

조니는 그 어느 때보다 단호하게 반대 의견을 말했어

---

* 조종사와 군의관을 겸하는 핵심 인재를 말해요.

115

요. 리암 준장은 웃으며 조니를 보았어요.

"듣던 대로군. 총상, 외상, 정신 건강 질환 등 군인들이 겪는 고통을 누구보다 잘 이해하는 의사라고 하던데, 이번에도 비행 중에 발생할 수 있는 의학적 문제를 직접 진단하고 대응해 보겠다는 건가?"

"네, 그렇습니다. 허락해 주십시오."

조니는 해군의 전투기 조종사 훈련 과정을 수료하고 조종사 자격을 얻었어요. 이제 조니는 조종사이자 의사로 군대 조종사들의 건강과 비행 적합성을 관리할 수 있었어요. 고도, 중력, 산소 부족 등 비행 환경에서 발생하는 조종사의 건강 문제를 연구하고, 군 조종사들에게 나타나는 병이나 의학적 문제를 발견하여 개선해나가며 큰 보람을 느꼈죠.

이후 조니는 초음속 항공기, 헬리콥터 조종사 과정까지 마쳤어요. 리암 준장은 조니의 열정에 놀라면서 다시 물었어요.

"자네, 의사를 그만두고 조종사로 나설 생각인가?"

"아닙니다. 저는 어디까지나 미국 해군 소속 군의관입니다."

"그게 아니라면 이렇게까지 열심히 항공기를 조종하려는 이유가 무엇인가?"

"저는 전투기 조종사, 우주 비행사, 승무원에게 응급 상황이 일어났을 때 생존율을 높이는 일에 관심이 있습니다. 더 많은 생명을 지키는 일을 하고 싶어 여러 종류의 항공기 조종 기술을 배우는 것입니다."

***

'똑똑'

조니는 조심스럽게 노크를 한 뒤 크게 숨을 한 번 들이쉬고 병실 문을 열었어요.

"잭 할아버지, 저 들어갑니다."

침대에 누워 있던 환자가 가느다랗게 눈을 뜨고, 조니와 눈을 맞추려 애썼어요. 잭 할아버지는 미국 해군으로 활동했으나, 지금은 죽음이 머지않은 말기 암 환자예요. 더 이상의 치료가 어려운 상태에서 마지막 생명을 붙잡고 있는 분이었죠.

조니는 잭 할아버지의 담당 의사로 환자와 대화를 나누고 위로하는 데 집중했어요. '단순히 환자의 병 치료만 하는 것이 아니라, 환자의 고통에 공감하는 것도 의사가 할 일'이라고 믿었기 때문이에요.

조니는 할아버지의 귀에 대고 다정하게 말했어요.

"첫눈이 오고 있어요. 창밖 좀 보세요."

잭 할아버지는 말없이 눈만 깜박였어요. 아마도 좋다는 뜻일 거예요. 하지만 할아버지의 몸에 연결해 둔 각종 의료 기기들의 수치는 자꾸 내려가고 있었어요. 상황이 점점 나빠지고 있다는 뜻이지요. 침대 주변에는 가족들이 눈물을 참으며 서 있었어요. 가족들은 할아버지가 첫눈을 볼 수 없다는 걸 잘 알아요. 하지만 그동안 조니의 치료와 위로가 할아버지에게 얼마나 큰 도움이 되었는지 알기에 둘의 대화를 가만히 듣고 있었죠.

조니는 여러 환자를 돌보면서 고통 속에 있는 환자들에게 혼자가 아니라는 사실을 알려주는 것만으로도 큰 힘을 준다는 사실을 경험했어요. 잭 할아버지에게도 다정한 친구가 되어 평안하게 삶을 마무리할 수 있도록 도왔어요.

"가족들은 이쪽으로 오셔서 마지막으로 인사 나누세

요. 이제 할아버지는 천국으로 갈 준비를 끝내신 것 같습니다."

가족들이 차례대로 인사한 후, 조니는 잭 할아버지의 손을 잡고 심장 수치 모니터를 확인했어요. 심장 박동이 급격하게 떨어져 0을 향해 가고 있었어요.

"3, 2, 1, 삐-"

가족들의 울음이 터졌어요. 그간 잭 할아버지와 정이 들었던 조니도 코끝이 시큰해지면서 눈물이 흘렀어요. 그러나 조니는 잭 할아버지의 마지막 길을 보내드려야 할 의사였어요. 조니는 팔목에 찬 시계로 시간을 확인한 후 말했어요.

"오전 10시 37분. 83세 잭 밀러 님이 세상을 떠나셨습니다. 자발적 호흡 없음, 심전도상 무수축 확인, 동공 고정 및 확대 기준에 따라 사망을 판정합니다. 가족들이 잠시 잭 밀러 님과 함께 있을 수 있도록 시간을 드리겠습니다."

조니는 잭 할아버지를 한 번 안아주는 것으로 인사하고 병실을 나왔어요. 의사로 일하면서 조니는 늘 생각했어요.

'의사가 치료하는 건 질병이 아니라 사람이다.'

의사가 수술하고, 약을 처방했다고 할 일을 다 한 게 아니라는 말이에요. 조니는 환자의 두려움, 고통, 희망, 가족과의 관계까지도 이해하고 존중해야 진정한 의사라는 생각을 가지고 있었어요.

조니는 병원에서 일하며 의사는 생명을 다루는 직업이라는 책임감을 늘 가슴에 새겼어요. 그래서 응급실과 중환자실에 있는 환자들의 이야기를 들으려 노력했지요. 응급의학과 전문의로 일했던 시간은 조니가 사람에 대한 이해와 공감을 넓히는 소중한 경험이었어요, 환자의 마지막 순간을 함께 하면서 느낀 책임감은 조니를 더욱 성숙한 사람으로 만들었어요.

* 의사가 되고 싶어요

 미국에서 의사가 되려면 어떻게 해야 하나요?

초등학교, 중학교, 고등학교 과정을 마치고 먼저 4년제 대학에 들어가야 해요. 대학에서는 '프리 메드(Pre-Med)'라는 과정을 거치는데, 주로 의학 공부의 밑바탕이 되는 생물학, 화학, 물리학 등의 과목을 배워요. 대학 공부를 마치면 미국 의과대학 입학에 필요한 MCAT이라는 시험을 봐요. 이 시험을 통과하여 합격하면 의과대학에서 4년 동안 공부해요. 대학 졸업 후에는 USMLE(United States Medical Licensing Examination)라는 국가 의사 면허 시험에 합격해야 미국에서 의사로 일할 수 있지요.

이후에는 레지던트 과정을 거치며 실제 환자를 치료하는 전공의 수련을 해요. 레지던트 수련 기간은 전공하는 과목에 따라 다른데, 내과는 보통 3년을, 심장내과는 3년을 더해 총 6년을 수련해요. 수련 후에는 선택한 과목에 대한 시험을 봐서 합격해야 비로소 '전문의' 자격을 얻어요.

 한국의 초등학생이 미국에서 의사가 되려면 어떤 준비를 해야 하나요?

 미국에는 150여 개의 의대가 있고, 외국인 학생을 받아주는 학교는 40~50개 정도예요. 의학 공부를 하려면 수학, 생물, 화학, 물리 같은 과목을 좋아하는 학생이 유리해요.

의사가 되려면 체력도 중요해요. 의사는 머리를 많이 쓰고 긴 시간 서서 일하는 직업이에요. 체력이 뒷받침되지 않으면 과중한 업무를 감당하기 어려워요. 의사가 되고 싶은 학생이라면 미리미리 운동으로 몸을 튼튼하게 단련해 놓는 게 좋겠죠?

의사가 되려면 무엇보다 따뜻한 마음이 있어야 해요. 의사는 아픈 사람의 몸과 마음을 같이 보듬는 직업이니까요. 몸이 아픈 사람은 마음이 약해지기 쉬워요. 그들의 몸과 마음을 함께 치료할 수 있는 의사가 좋은 의사이지요.

① 조니김이 수련했던 하버드대학 부속 매사추세츠 종합병원 ⓒWhoisjohngalt
② 하버드대 의과대학 도서관의 모습 ⓒClaudia Martínez
③ 응급의학과 레지던트 수련을 받던 시절의 조니김 ⓒnews.harvard.edu/gazette

4장

우주 비행사가 되다

운명처럼 만난 사람, 스콧 파라진스키

조니가 의대 수업으로 정신없던 어느 날이었어요. 강의실로 걸어가는 길에 학교 행사를 알리는 포스터가 붙어 있었어요. 친구들은 포스터에 있는 얼굴을 아는 눈치였어요.

"스콧 파라진스키가 우리 학교에 온다고? 조니, 같이 가볼래?"
"그게 누군데?"
"스탠퍼드대학 출신 의사야. 하지만 그보다는 나사

(NASA) 우주 비행사로 다섯 번이나 우주에 갔던 사람으로 더 유명하지."

"의사 출신의…… 우주 비행사?"

의사와 우주 비행사라는 낯선 조합에 흥미가 생긴 조니는 스콧 파라진스키의 강연을 들으러 갔어요. 강연장은 이미 빈 자리가 없을 정도로 가득 차 있었어요.

"우주에서는 지구에서 상상할 수 없는 많은 일이 일어납니다. 다섯 번째 비행에서 우주정거장의 태양열 패널이 찢어져 배열이 불안정해지는 사고가 일어났습니다. 에너지 공급에 문제가 생겨 우주정거장의 안전성이 무너지고, 우주선 안에 있는 우주인들의 목숨까지 위험해질 수 있는 상황이었죠. 나사에서는 즉각 수리를 지시했고, 나는 정거장 밖으로 나가 우주 공간을 유영하며 전류가 흐르는 태양열 패널 근처로 가서 찢어진 부분을 고정하고 배열을 안정화했습니다. 그때 느낀 건, 우주는 예측 불가능한 곳이지만, 인간의 창의성과 협력으로 무엇이든 해낼 수 있다는 자신감이었죠."

탄성과 함께 박수가 쏟아졌어요. 조니도 감동하여 아낌없는 박수를 보냈지요. 조니는 손을 들고 질문을 했어요.

"왜 의사로서 편안한 삶을 포기하고, 위험한 우주로 가셨습니까?"

스콧 파라진스키는 웃으며 대답했어요.

"우주는 모든 것이 낯설지만, 모든 것이 가능한 공간입니다. 난 우주라는 극한의 환경에서 인간의 가능성을 실험하고 확장하는 길을 선택한 거죠."

단순한 지식이 아니라, 우주를 경험한 사람만이 가질 수 있는 깊이와 확신이 담긴 멋진 말이었어요. 조니의 가슴이 또다시 두근두근 뛰었어요.

'의사는 환자만 돌보는 사람이 아니었구나. 우주에서 인류 전체를 위한 일도 할 수 있다니, 굉장하다.'

군인에서 의사까지 쉬지 않고 달려왔지만, 조니의 마음속에는 새로운 꿈이 싹트고 있었어요.

***

조니는 응급의학과 의사로 정신없는 나날을 보내고 있었어요. 얼마 전 군부대에서 큰 화재가 나는 바람에 10여 명의 부상자가 발생했어요. 조니는 환자를 치료하느라 며칠째 집에 들어가지 못했죠.

잠시 쉬기 위해 병원 밖으로 나온 조니는 문득 하늘을 보았어요. 까만 하늘에 반짝이는 별을 보니 스콧 파라진스키가 떠올랐어요.

"저 먼 우주를 다섯 번이나 다녀왔다고?"

그즈음 조니에게는 고민이 있었어요. 얼마 전 나사에서 우주인을 모집한다는 공고를 본 뒤 자꾸 마음이 흔들렸던 거예요.

"우주에서는 국적, 언어, 종교가 중요하지 않습니다. 우주 비행사들은 모두 생존과 탐험, 그리고 다음 세대를 위한 기여라는 같은 목표를 향해 움직입니다."

조니는 스콧의 말을 곱씹으며 밤길을 걸었어요. 그때, 핸드폰에서 알람이 울렸어요. 핸드폰 화면에는 새로운 이메일이 도착했다는 알람과 함께 '보낸 사람: 스콧 파라진스키'라는 글자가 떠 있었어요.

"와, 답장이 왔다!"

조니는 저도 모르게 환호성을 질렀어요. 기다리던 반가운 메일이었거든요.

며칠 전 조니는 스콧 파라진스키에게 이메일을 보냈어요. 나사 우주인 모집 공고를 보면서 스콧에게 묻고 싶은 게 있었거든요.

조니에게

답장이 늦어 미안합니다.

볼리비아와 칠레 국경 해발 5,916미터에 있는 리칸카부르 화산 호수에 탐험을 다녀오느라 늦었습니다.

당신이 무엇을 고민하고 있는지 알 것 같습니다.

당신이 그저 '우주는 신기한 곳이니까 가보고 싶다.'라는 욕망만 있었다면 나에게 의논하지 않았을 것입니다.

'우주 비행사가 되어 인류를 위해 무엇을 할 수 있을까?'를 고민하고 있다는 점에서 나는 당신이 이미 우주 비행사로서 충분한 자질을 갖추었다고 생각합니다.

네이비실 특수 부대원, 응급의학과 의사인 당신이 나사 우주 비행사가 된다면, 인류의 발전에 크게 이바지할 수 있을 것입니다.

극한 환경에서 생존하고, 판단하는 능력을 지닌 당신의

> 경험은 나사의 임무에 딱 들어맞습니다.
> 조니, 망설이지 말고 나사 우주 비행사에 도전하세요.
> 당신은 이미 우주 비행사입니다. 단지 아직 우주에 가지 않았을 뿐이죠.

따뜻한 조언에 자신감을 얻은 조니는 결심을 굳혔어요. '인류를 위해 할 수 있는 일'이라는 말은 늘 조니를 설레게 했어요. 네이비실 특수 부대원, 해군 항공 조종사, 응급의학과 전문의가 되기 위해 노력했던 건 사회적 지위를 얻기 위해서가 아니에요. 돈을 많이 벌고 싶어서도 아니고요.

조니는 늘 주변 사람들과 사회에 도움을 주고 싶어 직업을 선택했어요. 가족과 국가를 지키기 위해 특수 부대원이 되었고, 군인 동료들의 목숨을 지키기 위해 의사가 되었어요. 이제 인류의 미래를 지키기 위해 우주인이 되고 싶었어요.

※※※

2017년 조니는 나사의 우주 비행사 선발 프로그램에 지원했어요. 이제는 내과 전문의가 된 친구 알렉스가 강력하게 반대했지요.

"야, 힘들게 의사가 되어 이제 조금 편안해졌는데, 우주로 가겠다고? 넌 의사가 되려고 피눈물 나게 노력했던 지난 10년이 아깝지도 않아?"

"내가 이라크 전쟁에서 목숨 걸고 싸운 것, 의사가 되기 위해 지식을 쌓고 그 지식을 바탕으로 환자의 목숨을 구한 것, 이 모든 게 우주 비행사가 되기 위한 준비였다는 생각이 들어. 그 과정이 지금 나를 우주 비행사로 이끈 것 같다."

"네가 현실에 머물러 있지 않는 녀석이란 건 알고 있었지만, 하늘도 땅도 바다도 아닌 우주로 떠나겠다니, 정말 못 말리겠다!"

알렉스는 조니를 보며 고개를 절레절레 흔들었어요. 그

건 진짜 반대가 아니라 친구를 위한 걱정과 격려라는 걸 조니는 알고 있었죠.

　알렉스의 말처럼 조니는 '못 말리는 녀석'이 맞아요. 쉬지 않고 새로운 꿈을 꾸고, 도전하길 멈추지 않는 모습은 늘 모두를 놀라게 했죠. 하지만 조니는 군인, 의사, 우주 비행사라는 어떤 직업을 꿈꾼 적은 없어요. 그저 자신이

처한 상황에서 가장 필요한 역할을 선택하며, 그것을 이루기 위해 최선을 다했을 뿐이에요.

    이제 조니는 '우주 비행사'라는 새로운 목표를 향해 달려갈 준비를 하고 있었어요.

1만 8천 명 중 단 12명

흔히 나사 우주 비행사가 되는 길을 '지구에서 가장 좁은 문'이라고 불러요. 수천 명의 지원자 중 단 몇 명만 선발되고 그 과정이 매우 철저하고 까다롭기 때문이에요.

나사는 단순히 지능이 높거나 신체적 능력이 뛰어난 사람을 원하는 것이 아니에요. 우주라는 낯선 환경에서 일할 수 있는 사람, 극한의 조건에서도 협력을 유지할 수 있는 사람, 위험한 상황에서 침착하게 문제를 해결할 수 있는 사람을 찾아요. 지능과 기술뿐 아니라 적응력, 리더십을 두루 살펴 우주 비행사를 선발하지요.

나사 우주 비행사 면접 대기실로 들어간 조니는 가슴이 졸아들었어요. 비행기 조종사, 기술 엔지니어, 과학자 등 세계적으로 손꼽히는 인재들이 모두 앉아 있었으니까요.

"항공우주공학 박사입니다. 우주항공기 구조와 기계 설계에 전문 지식을 가지고 있습니다."
"제트기 조종사로 1만 2천 시간 비행 경력이 있습니다. 우주선 비행에도 자신 있습니다."

면접관은 조니를 보며 의아한 표정으로 물었어요.

"지원서를 보니 의사로 일하고 계시는군요. 우주 비행사는 왜 지원하셨습니까?"
"저는 의사 이전에 이라크전에 참전하여 1백 회 이상의 전투 작전을 수행한 네이비실 요원이었습니다. 전쟁터에서 부상당한 전우들을 보며 군의관의 길을 선택했죠. 저는 네이비실 특수 요원, 응급의학과 전문의로 훈련장, 전쟁터, 수술실에서 수많은 위험을 극복해 왔습니다. 그간

쌓아온 지식과 기술을 우주 탐험에 활용하여 인류에 도움이 되는 일을 하고 싶습니다."

***

우주 비행사 면접을 본 뒤로 한참이 지났지만 소식이 없었어요. 조니는 의사로서 여전히 바쁜 일상을 보내고 있었죠. 가끔 일찍 퇴근하는 날이면 가족들과 맛있는 음식을 만들어 먹기도 했어요.
그날도 아내와 마트에서 식료품을 사고 있었어요.

"네? 제가 합격했다고요?"

응급실에서 걸려온 전화인 줄 알았던 조니는 뜻밖의 소식에 소리를 질렀어요.

"조니, 우주 비행사로 선발된 거야? 정말 축하해!"
"응, 1차 시험에 통과했대. 네이비실에 합격했을 때도, 의사가 되었을 때도 이렇게 설렌 적이 없는데 주체할 수 없는 이 감정은 뭐지? 말로 설명을 못 하겠어!"

두 사람은 계산대 앞에서 손을 잡고 팔짝팔짝 뛰었어요. 사람들이 이상한 눈으로 쳐다보았지만 신경쓰지 않았어요. 그렇게 두 번 다시 느낄 수 없는 행복하고, 환희에 찬 순간을 즐겼지요.

그러나 1차 시험은 시작일뿐이었어요. 좋아할 새도 없이 다음 평가를 준비해야 했거든요. 우주 비행을 하기 위해서는 체력이 좋아야 해요. 그래서 나사에서는 우주 환경에 적응할 수 있는 신체 능력을 철저하게 검증해요. 시력, 청력, 심장, 폐, 신경계를 진단하여 기준 이상인 사람을 골라내고, 지구력, 폐소 공포증, 멀미, 신체 적응력 등도 중요하게 평가하지요.

조니는 나사에서 실시하는 기계공학, 물리학 시험도 봤어요. 우주에서 과제를 수행하는 데 필요하기 때문이죠. 의대 졸업 이후 과학 공부를 하지 않았던 조니는 처음부터 다시 공부해서 겨우 통과할 수 있었어요.

이후로도 몇 달 동안 면접과 시험이 계속되었어요. 나사는 이 모든 평가를 끝내고 1만 8천여 명의 지원자 중 단

12명을 예비 우주 비행사 후보자로 뽑았어요. 그 12명 안에 '조니 김'이라는 이름도 들어 있었습니다.

"조니 김은 우주에서 생존하고, 협력하며, 임무를 완수할 수 있는 사람이므로 나사의 우주 비행사 후보자로 선발합니다. 그는 실제 전투 경험과 의학 전문성을 두루 갖춘 독보적인 인재입니다."

최초로 한국계 나사 우주 비행사 후보가 탄생하는 순간이었어요. 조니는 기쁜 마음으로 캘리포니아에 계신 엄마께 전화를 걸었어요.

"엄마, 제가 나사 우주 비행 프로그램에 합격했어요! 앞으로 우주 비행사 집중 훈련을 받아요."

"조니! 오늘도 몇 번이나 TV와 인터넷에서 네 이름을 봤는지 몰라. 정말 장하다! 엄마는 이 모든 일이 다 꿈만 같구나."

전화기 너머 울먹이는 엄마의 목소리가 들렸어요. 잠시 망설이던 엄마는 오랫동안 마음속에 품었던 말을 꺼냈어요.

"조니, 너는 실패했다고 좌절하지 않고 새로운 길을 찾는 사람이야. 아버지의 죽음에서 네이비실로 가는 길을 찾았고, 친구의 죽음을 막지 못한 실패에서 의사가 되기로 결심했잖니. 엄마는 그런 네가 늘 자랑스러웠단다."

"맞아요, 엄마. 제가 전에 말했잖아요. 실패는 변화의

출발점이라고요. 실패는 더 나은 선택을 위한 연습이라고 믿어요. 저는 이제 우주에 가서 미래의 아이들을 위해 의미 있는 일을 할 거예요. 지금까지의 실패는 다 이 일을 위한 발판이었나봐요."

"네가 네이비실이 되었을 때도, 의사가 되었을 때도 기뻤지만, 지금은 뭐라 말할 수 없이 자랑스럽다. 조니, 사랑하고 고맙다."

전화를 끊고 조니는 가슴이 먹먹하여 한동안 그대로 서 있었어요. 어머니의 사랑과 희생은 언제나 가장 큰 힘이 되었거든요. 조니는 혼잣말로 엄마에게 인사했어요.

"엄마, 나도 사랑하고 고마워요. 우주 비행사 일도 멋지게 해낼게요!"

네이비실보다 더 혹독한 훈련

우주는 매 순간 삶과 죽음이 갈리는 위험한 공간이에요. 그래서 나사 우주 비행사 훈련에서는 수많은 위험 상황을 가정하고 이를 극복하는 능력을 키워요. 그중에도 '야생 생존 훈련'은 우주 비행사의 역할을 일깨우고 동료들을 이끄는 리더십을 키우는 계기가 되었어요.

***

어느 날 조니와 우주 비행사 훈련생들은 근처 산에 오

르는 훈련에 참여했어요. 그런데 나사에서는 간편한 옷차림으로 나온 훈련생들을 갑자기 비행기에 태우더니, 사막 한가운데 떨어뜨려 놓았어요. 나중에 알았지만, 그곳은 애리조나주에 있는 사막이었어요. 보급품이 부족한 외딴 지역에 떨어졌을 때 구조대를 기다리며 혹독한 환경을 견디는 야생 생존 훈련이었지요.

조니를 비롯한 훈련생들은 크게 당황했어요. 옷차림은 가벼웠고, 가방에 든 것은 산에서 먹을 생수 두어 병과 비스킷 몇 조각뿐이었어요. 동료 제시카가 조니에게 물었어요.

"조니, 너는 네이비실 대원이었으니까 이런 상황에서 살아남으려면 어떻게 해야 하는지 알고 있지?"
"나도 사막에 떨어진 건 처음이야. 그렇지만 살아남기 위해서는 무엇이든 해봐야지."

조니는 지질학자 출신 동료 타일러에게 물었어요.

"타일러, 사막에서 주의할 점이 뭐야?"

"일단 낮과 밤의 극심한 일교차에 대비해야 돼. 뜨거운 태양열도 피해야 하고, 모래 폭풍에 대한 대비도 필요하지. 하지만 가장 중요한 건 물 확보야."

조니는 각자 가지고 있는 생수와 식량을 내놓게 했어요. 그리고 서로 머리를 맞대고 추가로 물을 확보할 방법을 찾았어요.

"바위 아래나 암벽 틈새에 작은 구덩이를 파면 이슬을 모을 수 있을 거야."
"사막은 낮 동안 뜨겁게 달궈지고 밤에는 급격하게 식으니까 널찍한 판을 설치하고 아랫쪽에 물받이를 놓으면 공기 중 수증기를 모을 수 있지 않을까? 판을 검은색으로 칠하면 더 효과가 좋을 것 같아."

조니는 동료들이 내놓은 의견을 판단하고, 하나씩 실행했어요. 네이비실 출신으로 뛰어난 생존 기술과 체력을 지닌 것이 큰 도움이 되었지요.

"제시카, 구조를 요청해야 하니 거울이나 야광 표지를 이용해 우리가 이곳에 있다는 것을 알리는 장치를 설치해 줘."

"타일러, 우리가 밤에 머물 수 있는 장소를 알아볼 수 있어? 밤에 기온이 떨어지면 체온을 유지하기 어려우니까 추위를 피할 장소가 필요해."

그날 저녁이었어요. 동료 캐서린의 체온이 갑자기 오르더니 그 자리에서 쓰러졌어요. 조니는 캐서린을 재빨리 그늘에 눕힌 다음, 열을 확인하고 팔목에 검지와 중지를 가볍게 대고 맥박을 쟀어요. 겨우 깨어난 캐서린은 어지러움을 호소하며 음식물을 토했어요.

"낮에 뜨거운 햇볕을 너무 오래 받아 생긴 열사병이야. 젖은 천으로 몸을 닦아서 체온을 낮춰야 해. 목, 겨드랑이 등 큰 혈관이 있는 부위에 차가운 물이 닿으면 열이 좀 내릴 거야."

조니는 의사로서 주변에 있는 도구를 최대한 활용해

응급처치했지요. 조니는 밤새 동료의 곁을 지키며 상태를 살폈어요. 체온이 어느 정도 내려가자, 캐서린이 떨리는 목소리로 조니를 불렀어요.

"물, 물."

조니는 기도가 막히지 않게 주의하면서 물을 한 방울씩 입안에 떨어뜨렸어요.
언제 구조대가 올지 모르는 상황에서 조니와 훈련생들은 하루하루 힘들게 버텼어요.

"여기에요, 여기!"
"도와주세요!"

닷새 뒤, 드디어 구조대의 헬기가 도착했어요. 조니와 팀원들은 서로를 부둥켜안고 기뻐했어요. 조니는 상태가 가장 좋지 않은 캐서린부터 옮길 수 있도록 배려했어요.
마지막으로 헬기에 올라탔을 때 조니는 안도의 한숨을 쉬었어요. 사막 생존 훈련은 살아남았다는 안도감과 동료의 소중함을 확인하는 시간이었어요. 실제 우주 비행에서 동료 비행사들과의 역할 분담과 협조가 얼마나 중요한지도 확인할 수 있었죠.

***

우주 비행사가 되기 위한 수많은 훈련 중, 조니가 가장 선명하게 기억하는 것은 '중성 부력 훈련'이에요. 가장 힘들고, 가장 고통스러웠기 때문이죠.

나사의 중성 부력 훈련은 우주정거장 외부에서 우주 유영에 대비하는 핵심 훈련 중 하나예요. 나사 존슨우주센터에 도착한 조니는 깜짝 놀랐어요.

"뭐지, 이 거대한 수영장은?"

일반적인 훈련장이 아니라 길이 62미터, 폭 31미터, 깊이 12미터에 달하는 엄청난 규모의 수영장이 눈앞에 펼쳐져 있었어요. 물속은 무중력은 아니지만 물의 부력으로 몸과 기구들이 훨씬 가벼워지기 때문에 우주의 무중력 상태와 비슷한 상황을 연습할 수 있어요.

조니는 130킬로그램이 넘는 우주복을 입고 물속에 들어가 우주의 무중력 상태를 가정하고 복잡한 동작이나 작업을 연습했어요. 훈련 초기에는 우주복이 익숙하지 않아 팔과 다리가 마음대로 움직이지 않았어요. 헬멧 표면이 흐려져 앞도 잘 보이지 않고요.

물 밖에서 모니터로 보고 있던 코치가 조니의 귀에 꽂은 이어폰을 통해 말했어요.

"조니, 호흡이 거칠다. 천천히 숨 쉬고, 시선은 목표에만 집중해라."

무거운 우주복 때문에 팔을 들어 올릴 때마다 어깨 관절 주위가 끊어질 듯이 저렸어요. 하지만 동작이 부자연스러운 상황에서도 움직임을 정확하게 반복하고, 도구를 정밀하게 사용해야 했지요.

"한 번에 하나씩 공구를 잡고, 정확하게 볼트를 돌려! 실제 우주에서 동작이 그렇게 느리고 부정확하면 우주복

배터리가 소모되어 산소 공급이 끊긴다."

 코치가 다그칠수록 조니는 마음이 급해져 숨이 가쁘고 손이 마음대로 움직이지 않았어요. 전쟁터와 병원에서 수많은 위험 상황을 극복해 왔지만, 우주 비행은 완전히 새로운 세계였어요. 조니는 스스로에게 말을 걸었어요.

 "정신 똑바로 차리자. 무중력 상태 훈련은 지금까지 네가 경험했던 위험과는 전혀 달라. 지상에서 연습했던 대로, 차분하게 하나씩 해보자."

 조니는 심호흡을 하고 공구를 다시 잡았어요. 우주복을 입은 몸은 여전히 무겁고, 두꺼운 장갑을 낀 손은 무뎌서 마음처럼 움직일 수 없었지만 천천히, 하나씩 과제를 해결했어요. 소리도, 중력도 없는 물속에서 조니는 거대한 우주를 상상했어요.

 '우주에서는 어떤 위험이 닥칠지 몰라. 나의 잘못된 행동 하나로 우주 공간에 고립될 수 있어. 그뿐인가? 나의

실수가 우주 비행 전체를 실패로 만들 수도 있어. 그런 불행한 일이 일어나지 않도록 이 미션에 반드시 성공해야 해."

마지막 볼트를 조이고 조니는 시계를 보았어요. 다시 코치의 음성이 들렸어요.

"다섯 시간 이십삼 분 걸렸다. 수고했다, 조니! 지상 복귀를 명한다."
"네! 다섯 시간 넘게 물속에 있었더니 배가 무척 고픕니다. 조니 김, 임무를 성공적으로 완료하고, 지상으로 올라가겠습니다."

8년을 준비하고, 8개월 비행하다

2025년 4월 8일, 조니는 우주 임무를 위해 러시아의 소유즈 MS-27 우주선에 올라탔어요. 러시아 우주 비행사 두 명과 8개월간 국제우주정거장(ISS)에 머물며 과학 실험과 태양전지판 보수 등 다양한 임무를 수행할 계획이었어요.

조니는 출발 직전 카메라 앞에서 소감을 발표했어요.

"말로 다 표현할 수 없을 정도로 감격스럽습니다. 저는 지난 8년 동안 나사에서 우주 비행을 준비했습니다. 제

가 인류의 과학 발전에 조금이라도 이바지할 수 있는 것을 너무나 큰 영광으로 생각합니다. 우리가 수행하는 연구들이 미래 세대에게 꿈과 도전의 메시지가 되기를 바랍니다."

카자흐스탄의 바이코누르 우주 기지에서 출발을 기다리는 긴장된 순간, 조니는 조종석에 앉아 통신 기기를 확인하며 발사를 기다렸어요. 조니 옆에 있던 러시아 출신 우주 비행사 세르게이가 말했어요.

"8년을 준비했는데, 막상 우주로 떠난다니 떨린다. 너는 어때?"
"나도 떨리기는 마찬가지인데, 설렘이 더 커. 나는 태양 전지판 보수 작업에 참여해 우주 유영을 하는 업무를 기대하고 있어. 우주 밖 풍경을 보고 지구의 어린이들에게 그 광경을 생생하게 전달하고 싶어."

잠시 후 관제센터에서 통신이 들어왔어요.

"기상 조건, 연료 상태, 통신 시스템, 생명 유지 장치 모두 이상 무! 발사 카운트다운에 들어갑니다. 성공적 업무 완료와 무사 귀환을 기원합니다."

"10-9-8-7-6-5-4-3-2-1"

"발사!"

하늘로 솟아오른 조니의 머릿속에 지난 시간이 흘러갔어요. 알코올 중독인 아빠가 무서워 피하기만 했던 소년, 목숨 걸고 싸웠던 이라크 전쟁, 하루 세 시간 자면서 공부했던 하버드 의과대학 시절. 모든 일들이 감사했어요. 그런 시간이 모여 지금 조니가 우주로 떠나는 밑거름이 되었으니까요.

조니를 태운 소유즈 MS-27 우주선은 발사 9분 만에 저궤도 진입에 성공했어요. 시간당 2천8백 킬로미터, 그러니까 1초에 약 7.8킬로미터를 날아 3시간여 만에 국제우주정거장에 도착한 조니는 우주 관제센터에 통신을 보냈어요.

"조니 김 외 2명이 탄 소유즈 MS-27, 국제우주정거장

에 무사히 도착. 우주정거장과 우주선을 연결하는 도킹을 시작합니다."

2시간의 도킹 작업 후, 조니는 관제센터와 ISS에 있는 사람들에게 인사를 보냈어요.

"안녕, 여기는 우주정거장입니다!"

각국에서 모니터를 통해 소유즈 MS-27 우주선 상황을 보고 있던 사람들은 성공을 기뻐하며 손뼉을 쳤어요. 우주선과 국제우주정거장이 연결되고, 문이 열리자, 조니는 무중력 상태에서 둥둥 떠 우주정거장 안으로 들어갔어요. 그리고 미리 와 있던 미국, 러시아, 일본 우주 비행사들과 얼싸안고 인사를 나누었어요. 조니는 활짝 웃으며 소감을 말했어요.

"이곳에 올 수 있어 영광입니다. 지금부터 새로운 시대를 여는 우주 업무를 시작합니다."

조니는 국제우주정거장에 머물며 40개 이상의 과학 실험에 참여했어요. 특히 의사 경력을 살린 생물학 실험이 중요한 과제였지요. 중력이 거의 없는 상태에서 인체의 근육 변화, 면역 반응을 관찰하고 분석했어요. 또 우주에서 응급 상황이 발생했을 때 의료 대응 책임자로서 환자도 치료했지요.

조니는 우주에서도 매일 지구와 소통했어요. 사람들은 조니의 SNS를 통해 우주 비행사들이 생활하고 연구하는 모습을 볼 수 있었죠. 조니는 지구에 보내는 메시지에서 이렇게 말했어요.

"이번 우주 과학 연구로 다음 세대에 영감을 주고 싶습니다. 국제우주정거장에서 수행하는 과학 실험은 지구의 문제를 개선하고, 미래를 준비하는 데 큰 힘이 될 것입니다. 인류의 과학 발전에 조금이라도 도움을 줄 수 있다는 사실이 너무나 행복합니다."

✳ 우주 비행이 궁금해요

 스콧 파라진스키는 어떤 사람이에요?

스콧 파라진스키(Scott E. Parazynski, 1961~)는 폴란드계 미국인 의사이자 전직 나사 우주 비행사예요. 어린 시절 아폴로 9호 발사를 보고 우주 비행사의 꿈을 키웠고, 다섯 번의 우주왕복선 비행과 일곱 번의 우주 유영을 경험한 전문가이지요. 국제우주정거장에서 유영하여 고장 난 태양전지판을 직접 수리한 것으로 유명해요.

우주 비행사를 그만둔 뒤에는 가상현실, 로봇공학, 드론 등을 다루는 기술 기업의 CEO로 일했어요. 지구에서 가장 높은 에베레스트 등정, 2천5백 시간 이상의 비행 경험도 지닌 전설적 인물이에요. 스콧 파라진스키는 2016년 미국 우주 비행사 명예의 전당에 올랐어요.

 우주 비행사의 우주 유영이 왜 위험한가요?

우주 비행사가 우주선 밖으로 나가 우주 공간에서 활동하는 것을 우주 유영이라고 해요. 우주 공간을 떠다니며 작업하거나 실험을 수행하는 거죠. 우주망원경을 수리하거나, 과학 장비를 설치하거나, 우주선 외부를 점검하는 등 다양한 작업을 해요. 우주 유영을 할 때는 특수 우주복, 생명유지

장치, 안전선이 필수예요.

우주 유영은 보기에는 멋지지만, 우주 비행사의 생명을 걸어야 하는 위험한 작업이에요. 우주에는 산소가 없어서 자칫 잘못하면 15~30초 사이에 의식을 잃고, 몇 분 내 뇌 손상이 발생할 수 있어요. 또 우주는 완전한 진공 상태라 기압이 없어요. 그래서 우주복이 조금이라도 잘못되면 몸 안의 기체가 팽창하여 혈액과 체액이 끓어오를 수 있지요. 폐 안의 공기가 팽창하여 폐가 손상될 위험도 있고요.

우주 비행사는 우주 유영을 연습하기 위해 130킬로그램이 넘는 잠수복을 입고 거대한 수영장에 들어가 무중력 상태를 연습해요. 훈련을 위해 만들어진 비행기를 타고 높이 올라가 떨어지는 연습을 반복하기도 해요.

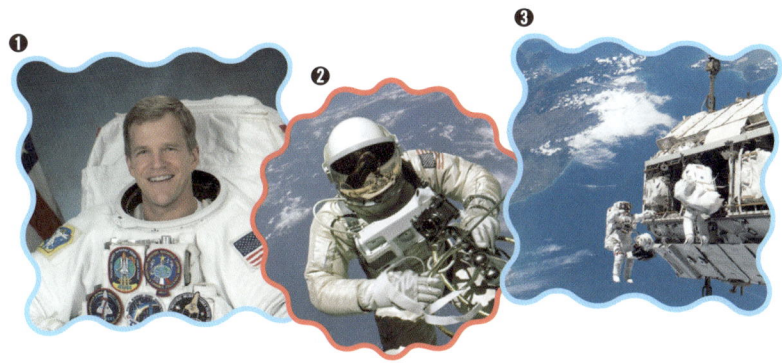

① 스콧 파라진스키
②, ③ 우주 유영을 하면서 우주정거장을 수리하는 모습

나사 존슨 우주 센터가 어디예요?

미국 텍사스주 휴스턴에 있는 유인 우주 탐사의 중심지예요. 우주 비행사 훈련과 우주선 개발도 이곳에서 이루어져요. 1961년 설립되어 아폴로 11호의 달 착륙을 지휘했고, 현재는 아르테미스 프로그램을 진행하며 달과 화성 탐사를 준비하고 있어요. 존슨 우주 센터는 단순한 연구소가 아니라 인류의 우주 탐사 역사와 미래가 담긴 장소랍니다.

 ### '도킹'이 무슨 뜻인가요?

우주선이 국제우주정거장에 접근하여 연결하는 작업을 '도킹(Docking)'이라고 해요. 도킹은 우주선과 ISS의 속도, 방향, 궤도를 완벽하게 맞춰야 해서 우주 과학 분야에서도 무척 어려운 기술에 속해요. 도킹하는 모습은 우주 탐사의 가장 핵심적인 장면이기도 하답니다.

도킹에 성공하면 우주 비행사들은 우주선에서 국제우주정거장 내부로 이동할 수 있어요. 우주인들은 지구에서 가져간 물자, 장비, 식량 등을 전달하고 맡은 임무를 시작하지요. 임무를 마친 후에는 우주선과 국제우주정거장을 분리하는 '언도킹(Undocking)'을 한 뒤, 다시 우주선을 타고 지구로 돌아와요.

 ### 아르테미스 프로젝트에 대해 알려주세요.

 2017년 시작된 유인 우주 탐사 계획이에요. 미국, 영국, 일본, 호주 등이 참여했고, 대한민국도 함께 하고 있어요.

우주 비행사를 달에 보내는 아르테미스 1호 계획을 시작으로, 현재 4차까지 차례로 진행하고 있어요. 아르테미스 5~8호는 추가로 계획하고 있고요.

아르테미스 1호는 무인 시험 비행으로 2022년에 성공적으로 완료했어요. 현재 진행 중인 아르테미스 2호는 사람이 탄 우주선이 달 궤도까지 비행한 후 돌아오는 거예요. 아르테미스 3호에는 최초로 여성과 유색인종이 우주 비행사로 탑승할 예정이에요. 아르테미스 4호 계획까지 성공적으로 마치면 달에 '루나 게이트웨이'라는 기지가 생길 거예요. 그곳에 장기간 머물며 과학 실험과 자원 탐사를 수행하는 것이 목표죠. 아르테미스 프로젝트가 성공하면 달은 우주 시대를 여는 인류의 새로운 터전이 될지도 몰라요.

① 나사 우주 센터를 상징하는 마크
② 우주인과 통신하는 나사의 미션 컨트롤 센터
③ 2021년에 촬영한 국제우주정거장의 모습

한국의 어린이들에게

안녕하세요?

나는 지금 8개월 동안의 우주 비행을 마치고 돌아와 이 편지를 쓰고 있어요. 내가 우주에 있는 동안 대한민국 국민들도 나를 많이 응원해주셨다고 들었어요. 정말 고마워요.

나는 한국에서 태어나지는 않았지만, 늘 뿌리는 한국에 있다고 생각하고 있어요. 한국에서 미국으로 이민 온 할아버지의 영향을 크게 받았기 때문이죠. 한국인이라는 뿌리는 살아가는 데 큰 힘이 되었고, 나만의 특별한 시각을 만들어 주었답니다. 한국인이자 미국인이라는 특성은 더 많은 문화를 경험하고, 다양한 사람들, 일에 관심을 가지는 데 도움이 되었죠.

　이번에 MS-27 우주선을 타고 우주에 갔을 때도 내가 한국인이라는 사실을 뼈저리게 깨달았답니다. 우주에서는 치즈, 감자, 빵과 고기류로 만든 우주식을 먹어요. 우주 비행사들이 먹는 음식은 수분이 적게 특수 가공하거나, 튜브 형태로 만들어요. 튜브에 들어있는 감자나 치즈가 어떤 맛일지 궁금하다고요? 솔직히 배가 고파서 먹는 거지, 감자와 치즈를 쉽게 구할 수 있는 지구에서는 절대 먹고 싶지 않은 맛이에요.
　나는 우주식이 입에 맞지 않을 때면 매콤한 한국의 맛을 그리워했어요. 그래서 직접 메뉴를 개발했죠. 통밀빵에 소고기 스테이크, 치즈, 감자를 얹고, 한국산 튜브 고추장을 듬뿍 뿌린 한국식 우주식을 만든 거예요. 내가 만든 '조니 김의 우주 고추장 버거'를 SNS에 소개해서 큰 인기를 끌기도 했답니다.

나는 미국에서 꽤 성공한 한국인으로 불려요. 아무래도 해군 특수 부대 네이비실 요원, 하버드 의대 출신 의사, 나사 우주 비행사라는 직업을 모두 경험했기 때문이겠죠. 나의 현재는 화려해 보일지 몰라도, 과거는 어둡고 힘들었어요. 알코올 중독인 아빠와 살았던 어린 시절에는 '나는 나쁜 운을 가지고 태어난 불행한 아이'라고 생각했어요. 내가 선택한 것도 아닌데 아빠가 내게 주는 고통이 너무나 컸으니까요.

하지만 네이비실이 되겠다는 목표를 세우면서 달라졌어요. 꿈이 생기니까 고통과 불행을 그대로 안고 있지 않겠다는 용기가 생기더군요. 그 다음부턴 어린 시절의 어려움을 변화와 성장의 밑거름으로 삼았죠. 그런 노력의 결과로 네이비실에 입대해 강한 사람이 되었고, 하버드 의대에 진학해 응급의학과 의사가 되었어요. 나사 우주 비행사로 선발될 수도 있었고요.

이제는 당당하게 말할 수 있어요. "당신이 나쁜 조건을 갖고 태어날 수 있지만, 그 모든 것을 계속 가지고 있을 필요는 없다. 당신은 다른 선택을 할 수 있고, 운명과 길을 개척할 힘을 지니고 있다."라고요.

사람들이 나를 '미국의 엄친아'라고 부른대요. '엄친아'가 '엄마 친구 아들'의 줄임말 맞죠? 엄마가 아들에게 "엄마 친구 아들은 공부도 잘하고, 인성도 바르고, 외모도 멋지다."라는 식으로 비교할 때, 완벽한 이상형을 가리키는 우스갯소리라고 하더라고요. 대만계 미국인 작가 웨슬리 추가 SNS에 "우리 엄마가 조니 김 엄마와 친구가 아니라서 다행이다."라는 농담을 올려 화제가 된 것을 저도 봤어요.

판사 출신 미국 상원의원 테드 크루즈도 "네이비실에 하버드대 의대 졸업이라니, 말도 안 된다. 조니는 우주에서 우리를 죽였다가 살릴 수도 있다."라고 농담을 했더라고요. 내가 특수 부대원이니 사람을 죽일 수도 있고, 의사니까 살릴 수도 있고, 우주 비행사로 우주까지 갔다는 말을 재미있게 표현한 거예요.

모두 정말 고마운 말들이죠. 나를 좋게 봐주고, 높이 평가한 것이니까요. 다만 지금까지 이룬 성과 뒤에 있는 도전과 엄청난 노력도 꼭 봐주셨으면 좋겠어요. 그리고 여러분도 저처럼 꿈꾸고, 도전하고, 노력해서 꼭 목표를 이루었으면 좋겠습니다. 거창하지 않아도 괜찮아요. 작은 성공 경험이 모여 큰 성공이 되니까요.

나는 8개월 동안의 우주 임무를 무사히 마치고, 지금은 조금 홀가분한 상태예요. "국제우주정거장 ISS에서 진행한 과학 연구로 다음 세대에 영감을 주는 데 기여하고 싶다."라고 했던 목표를 어느 정도는 달성한 것 같아요.

나는 요즘 나사의 '아르테미스 프로젝트'를 준비하고 있어요. 아르테미스 프로젝트는 인류를 다시 달에 보내고 그다음에는 화성 탐사까지 이어지는 21세기 최대 규모의 우주 탐사 계획이에요. 만약 이 프로젝트에 참여할 수 있다면 나는 '달에 발을 내딛는 최초의 한국계'가 되는 거예

요. 그날을 꿈꾸며 나는 더 큰 일에 도전하고, 더 많이 노력할 계획이에요.

한국의 어린이들에게 말하고 싶어요. 어떤 환경에서 자랐든, 어떤 어려움을 겪고 있든, 과거에 머무르지 않고, 미래를 향해 나아가라고요. 나를 보고 멋진 군인, 훌륭한 의사가 되기를 꿈꾼다면 너무나 큰 영광이에요. 특히 한국에서 우주 비행사가 되는 어린이들이 많이 나왔으면 좋겠어요. 한국인 우주 비행사와 함께 달까지, 화성까지 가는 일은 상상만 해도 너무 멋지잖아요.

여러분은 우주보다 더 넓은 가능성을 지닌 존재들이에요. 언제 어디에서나 여러분이 꿈을 꾸고, 그것을 이루기 위해 노력하기를 바라요.

여러분의 꿈을, 노력을 응원할게요.

미국 휴스턴에서
조니 김

우주 비행사 쪼니 킴

초판 1쇄 발행 2025년 11월 5일
초판 3쇄 발행 2025년 12월 29일

글 이정주
그림 안상선
펴낸이 박혜연

펴낸곳 ㈜윌마 **출판등록** 2024년 7월 11일 제 2024-000120호

ISBN 979-11-994966-2-0 (73810)

· 책값은 뒤표지에 있습니다.
· 파본은 구입하신 서점에서 교환해드립니다.
· 이 책은 저작권법에 의하여 보호를 받는 저작물이므로 무단 전재와 복제를 금합니다.

㈜윌마는 독자 여러분의 책에 관한 아이디어와 원고 투고를 기다리고 있습니다. 책 출간을 원하시는 분은 이메일 wilma@wilma.kr로 간단한 개요와 취지, 연락처 등을 보내주세요.